PALMEIRAS CORINTHIANS 1945

O JOGO VERMELHO

FUNDAÇÃO EDITORA DA UNESP

Presidente do Conselho Curador
Herman Voorwald

Diretor-Presidente
José Castilho Marques Neto

Editor-Executivo
Jézio Hernani Bomfim Gutierre

Assessor Editorial
Antonio Celso Ferreira

Conselho Editorial Acadêmico
Alberto Tsuyoshi Ikeda
Célia Aparecida Ferreira Tolentino
Eda Maria Góes
Elisabeth Criscuolo Urbinati
Ildeberto Muniz de Almeida
Luiz Gonzaga Marchezan
Nilson Ghirardello
Paulo César Corrêa Borges
Sérgio Vicente Motta
Vicente Pleitez

Editores-Assistentes
Anderson Nobara
Arlete Zebber
Ligia Cosmo Cantarelli

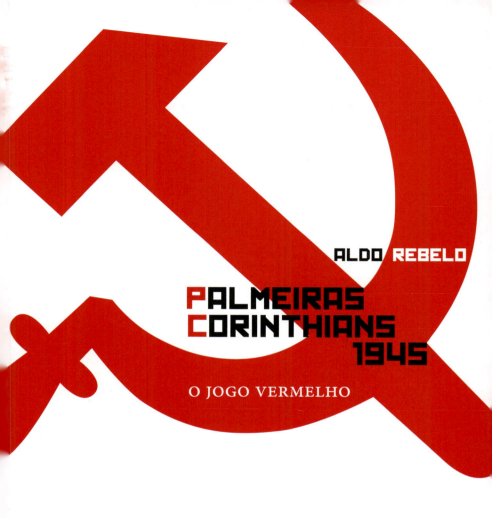

ALDO REBELO

PALMEIRAS CORINTHIANS 1945

O JOGO VERMELHO

editora unesp

© 2009 Editora UNESP

Direitos de publicação reservados à:
Fundação Editora da UNESP (FEU)
Praça da Sé, 108
01001-900 – São Paulo – SP
Tel.: (0xx11) 3242-7171
Fax: (0xx11) 3242-7172
www.editoraunesp.com.br
www.livrariaunesp.com.br
feu@editora.unesp.br

CIP – Brasil. Catalogação na fonte
Sindicato Nacional dos Editores de Livros, RJ

R234p

Rebelo, Aldo, 1956-
    Palmeiras x Corinthians 1945: o jogo vermelho/Aldo Rebelo.
– São Paulo: Editora UNESP, 2010.
    124p.: il.

Inclui bibliografia
ISBN 978-85-7139-993-8

    1. Sport Club Corinthians Paulista. 2. Sociedade Esportiva Palmeiras. 3. Partido Comunista do Brasil (1922-1960). 3. Movimento Unificador dos Trabalhadores (Brasil). 4. Futebol – Aspectos políticos – Brasil. 5. Futebol – Aspectos sociais – Brasil. 6. Brasil – Política e governo, 1945-1964. I. Título. II. Título: O jogo vermelho.

10-0050.   CDD: 306.483
    CDU: 316.74:796

Editora afiliada:

Asociación de Editoriales Universitarias
de América Latina y el Caribe

Associação Brasileira de
Editoras Universitárias

Para Rita e Pedro,
com carinho e gratidão.

Sumário

Agradecimentos, 9

Apresentação – Duas grandes "nações" futebolísticas, 11

Prefácio – O encontro de tradições, 15

Introdução, 21

O 13 de outubro de 1945 em São Paulo, 27

O dia 13 no Brasil, 35

O dia 13 no mundo, 41

O PCB, o MUT e a política de arrecadação de fundos, 47

O MUT e os comunistas, 55

A organização do jogo, 63

Razões para a realização do jogo, 73

Trabalhadores ganham o gramado, 79

A preparação dos times, 85

    No Parque Antártica, 87

    No Parque São Jorge, 88

    Os técnicos, 91

O jogo na imprensa, 93

O cotejo, 103

    A análise da imprensa, 109

PCB, 1945: o ano mágico, 111

Referências bibliográficas, 119

    Arquivos, 119

Agradecimentos

ADORAÇÃO VILLAR SANCHES   ex-militante do PCB, esposa de João Sanches Segura.

ALFREDO OSCAR SALUN   mestre em História pela PUC-SP e doutor em História Social pela USP.

ANITA LEOCÁDIA CHAMORRO   filha de Antônio Chamorro (ex--dirigente do PCB).

ARMÊNIO GUEDES   ex-dirigente do PCB.

CÉSAR AUGUSTO MOURA LEITE   funcionário responsável pelo acervo do Museu da Federação Paulista de Futebol.

CELSO DARIO UNZELTE   jornalista e pesquisador. Coautor do *Almanaque do Palmeiras* e do *Almanaque do Corinthians*.

DAVID JOSÉ COSTA   funcionário responsável pelo Memorial do Corinthians.

DYNÉIAS AGUIAR   ex-dirigente do PCdoB.

EDÍRIA AMAZONAS   artista plástica.

EDNA LOTUFO   filha de Leonardo Fernando Lotufo.

EMÍLIO SANCHES   Sindicato dos Trabalhadores do Ramo da Construção Civil, Montagens, Instalações e Afins de São Paulo (Sintracon).

ERNESTO TEIXEIRA   puxador de samba da Gaviões da Fiel.

EVA BLAY   doutora em Sociologia pela USP, parente de Fanny Blay.

JOSÉ EZEQUIEL DE OLIVEIRA FILHO   historiador do Palmeiras.

FÁBIO MARCELLO   consultor esportivo.

FERNANDA MELAZO   jornalista.

FERNANDO GALLUPO   historiador e pesquisador.

HÉLIO DE MELO   ex-dirigente do PCB.

JOÃO BONIFÁCIO presidente da Associação dos Aposentados do Sindicato dos Têxteis-SP.

JOTA CHRISTIANINI diretor de história do Palmeiras.

JOSÉ ROBERTO POMPA D'OLIVEIRA neto de Anthenógenes Pompa D'Oliveira.

LUÍS TENÓRIO LIMA, TENORINHO sindicalista.

LUÍS ALBERTO BUSSAB secretário-geral do Corinthians.

LUIZ GAZZANEO ex-dirigente do PCB, assessor de imprensa do IBGE.

MÁRCIO TOLEDO presidente do Jockey Club de São Paulo.

MOACIR LONGO jornalista e membro do PCB, hoje no PPS.

OBERDAN CATTANI conselheiro e ex-goleiro do Palmeiras.

PAULO ANDRADE LOTUFO sobrinho-neto de Leonardo Fernando Lotufo.

RUBENS RIBEIRO jornalista, autor da obra *O caminho da bola*, responsável pelo acervo da Federação Paulista de Futebol.

SÉRGIO PELLEGRINI neto de Higino Pellegrini (ex-presidente do Palmeiras).

SÉRGIO ROSEMBERG filho de José e Iracema Rosemberg.

UBIRAJARA POMPA D'OLIVEIRA neto de Anthenógenes Pompa D'Oliveira.

WAGNER RIVERA RODRIGUES, WAGNINHO diretor do Master do Corinthians.

Apresentação

Duas grandes "nações" futebolísticas

Antonio Roque Citadini[*]

O deputado federal Aldo Rebelo é, sabidamente, um palmeirense apaixonado por futebol.

Nesta crônica, ele relata um memorável encontro, ocorrido quase sessenta anos atrás, entre as equipes do Corinthians e do Palmeiras. Seu texto fala um pouco da vida dessas duas agremiações que, nesse longo período de quase um século de suas histórias, viveram aguerridos confrontos, devidamente anotados em sua narrativa.

Não há dúvida de que Corinthians e Palmeiras muito concorreram para que o povo brasileiro adotasse o futebol como seu esporte favorito, pois, quando ele chegou ao Brasil e a São Paulo, era um esporte da elite rica da pauliceia, praticado apenas pelos clubes mais abastados, que nada tinham de populares.

Aos poucos, essa nova modalidade esportiva foi caindo no gosto do povo, tornando-se o seu esporte predileto e, nesse caminho de um esporte de clubes refinados para paixão do "povão", Corinthians e Palmeiras inegavelmente tiveram uma participação preponderante. Sem dúvida, é entre essas duas grandes equipes que temos o "clássico" de maior rivalidade no futebol paulista.

---

[*] Conselheiro vitalício do Sport Club Corinthians Paulista e conselheiro do Tribunal de Contas do Estado de São Paulo.

Os dois times nasceram com forte presença da colônia italiana e foram, aos poucos, percorrendo a longa caminhada até alcançarem a condição de grandes potências do futebol.

Ao escrever seu texto, lembrando o jogo de 1945 entre as duas equipes mais populares – cuja renda estava destinada ao MUT – Movimento Unificador dos Trabalhadores –, Aldo Rebelo mostra toda a intensa participação que o povo teve naquela disputa.

Nesta crônica, Aldo Rebelo revela diversas facetas de sua personalidade. Ora é o memorialista cuja narrativa demonstra invejável capacidade de resgate dos fatos, ora é o historiador que sabe analisar e interpretar os acontecimentos de uma época e produzir um texto informativo e agradável de ler. Nem por isso deixa de fazer transparecer o político, essencialmente capaz de concatenar os aspectos político-sociais com a narrativa factual.

Realmente, ao escrever esta crônica, o deputado Aldo Rebelo contribui não só para a história dos dois grandes clubes de futebol, mas também para a própria história social do país, registrando um fato pouco lembrado pela mídia: o engajamento político-social de duas agremiações esportivas de tamanha popularidade, como Corinthians e Palmeiras.

Mais além das divergências entre corintianos e palmeirenses, é comum aos dois times o orgulho de ter construído duas grandes "nações" futebolísticas.

Ler esta crônica é trazer à tona fases pontuais da nossa História, muitas vezes esquecidas.

Prefácio

O encontro de tradições

Luis Fernandes[*]

A partir da Revolução de 1930, o futebol desempenhou papel central na construção e consolidação de uma identidade nacional brasileira baseada na valorização do caráter predominantemente mestiço do nosso povo. Do ponto de vista desportivo – como foi brilhantemente retratado na obra clássica de Mário Filho, *O negro no futebol brasileiro* – o caminho para esta construção identitária foi aberto com os triunfos do Vasco da Gama, do São Cristóvão e do Bangu no campeonato de futebol da então Capital Federal (em 1923, 1926 e 1933, respectivamente). Todos eram clubes de origem popular, com sedes em "bairros periféricos" da cidade, e contavam com numerosos jogadores negros, mulatos e de origem trabalhadora ou humilde. Destes clubes, como é sabido, apenas o Vasco conseguiu se consolidar na elite do futebol brasileiro (o próprio conceito de "elite" passando a ser referido não mais à condição social dos atletas ou associados do clube, mas ao seu desempenho esportivo em seguidas competições). Mas o caminho da superação de barreiras sociais e raciais na prática do futebol aberto por estes pioneiros foi coroado

---

[*] Professor do Instituto de Relações Internacionais (IRI) da PUC-Rio e da UFRJ, atual presidente da Financiadora de Estudos e Projetos (Finep). Grande Benemérito do Club de Regatas Vasco da Gama.

com a implantação generalizada do profissionalismo de atletas na década de 1930. Este regime abriu definitivamente as portas dos grandes clubes brasileiros para jogadores profissionais de origem popular (embora alguns continuassem a fazer questão de evitar o convívio dos atletas profissionais – definidos como empregados do clube com os seus quadros sociais).

Do ponto de vista político, todos os regimes que governaram o Brasil durante o seu ciclo nacional-desenvolvimentista – desde o Estado Novo getulista ao regime militar, passando pela República Democrática instalada em 1945 – exploraram a chave do futebol para construir e consolidar a nossa identidade nacional. Em oposição ao racismo aberto das velhas oligarquias, o novo discurso oficial passou a valorizar a mestiçagem, associando-a aos sucessos de uma "escola brasileira" de futebol que expressaria a nossa singular maneira de ser no mundo (marcada pela criatividade, flexibilidade, informalidade e elevada sensibilidade plástica). Para além das paixões clubísticas, a democratização da prática do futebol, materializada na ascensão de jogadores de origem popular, permitiu que esse esporte viesse a ocupar posição central na construção de identificações. Na ausência de um maior envolvimento brasileiro em guerras – matéria-prima para a construção de fronteiras de identidade na formação dos estados nacionais unificados na Europa – o futebol forneceu um simulacro de conflito bélico para o qual era possível canalizar emoções e construir sentidos de pertencimento.

Esta construção histórico-social engendrou a massificação da adesão aos próprios clubes de futebol, democratizando, igualmente, a prática de "torcer" (para o qual concorreu fortemente a emergência de meios de comunicação de massa de abrangência nacional, começando pelo rádio). Os clubes se transformaram, assim, em instituições sociais tradicionais, comandando relações de lealdade e identificação muito mais abrangentes e profundas do que as interações propiciadas pela expansão das relações de mercado no âmbito do desenvolvimento nacional.

O livro de Aldo Rebelo capta um momento singular em que esta "tradição clubística" em construção se encontra com duas outras "tradições" que também buscavam consolidar sentidos de pertencimento e missão para além do mercado na modernização brasileira: a do movimento sindical e a da organização político-partidária de esquerda no contexto político do fim do Estado Novo em 1945, sob o impacto nacional e internacional da derrota do nazifascismo pelas forças aliadas na Segunda Guerra. No dia 13 de outubro desse decisivo ano, os dois principais clubes de futebol de São Paulo, Palmeiras e Corinthians, que se caracterizavam por uma origem menos elitista do que a dos clubes que dominaram o início da prática organizada do esporte no Rio de Janeiro, realizaram um jogo para arrecadação de fundos para o Movimento Unificador dos Trabalhadores (MUT), corrente criada pelo Partido Comunista do Brasil (PCB) para encabeçar a luta pela consolidação e reconhecimento de uma estrutura sindical unitária e autônoma do Estado orientada para a transformação social. Um singular e inusitado encontro de instituições que enraizavam, em dimensões distintas da vida social, sentidos de identidade e pertencimento que transcendiam o simples cálculo instrumental de interesses no processo de modernização e desenvolvimento do Brasil. Em outras palavras, identidades formadas em dimensões existenciais-coletivas que "não têm preço".

Este livro capta, em todas as suas dimensões, as condições históricas particulares que tornaram esse encontro possível: o prestígio internacional das forças comunistas e socialistas no imediato pós-guerra em função do papel determinante da União Soviética na derrota da máquina de guerra hitlerista; a aglutinação de amplas forças populares e progressistas em torno do Partido Comunista recém-legalizado; a onda democratizante que varreu distintas dimensões da vida nacional e sua relação dialética com a agenda social e nacionalista do governo Getúlio; o cenário desportivo nacional e paulistano do período; a trajetória de distintas personalidades envolvidas na realização do jogo (dirigentes esportivos, jogadores, líderes sindicais, quadros político-partidários, jornalistas), entre outras. Esse painel apoia-se em amplo levantamento de fontes primárias e secundárias, incluindo jornais da época, arquivos pessoais e entrevistas.

O resultado desta pesquisa é uma narrativa rica e instigante de um encontro de instituições sociais que se enraizaram na construção do Brasil moderno, mas cuja convergência acabou abortada pelo retrocesso democrático vivido no país com o advento da Guerra Fria e subsequente cassação do registro do PCB e desarticulação da sua ação sindical aberta. A evolução política posterior do Brasil foi marcada pelo divórcio das questões nacional, social e democrática que haviam entrado em campo, irmanadas, junto com os jogadores e organizadores do jogo realizado no Estádio do Pacaembu em 13 de outubro de 1945. Neste início de século XXI, quando o Brasil reencontra um caminho de desenvolvimento baseado no encontro e convergência dessas três dimensões, a pesquisa histórica conduzida por Aldo Rebelo sobre este episódio premonitório torna-se leitura obrigatória.

Introdução

Escrita à mão, a súmula do jogo com a renda de Cr$ 114.464,00. Contribuição importante para a meta nacional de arrecadação do PCB, que era de Cr$ 750 mil.

Acervo Sociedade Esportiva Palmeiras

Esta crônica é uma homenagem aos dois grandes clubes de minha infância e adolescência: Palmeiras e Corinthians. O Palmeiras, clube do coração, escolha nascida da simpatia natural pelos mais fracos, quando o time do Parque Antártica desafiava vez por outra o poderoso esquadrão do Santos dos anos 1960, de Pelé e companhia. O Corinthians, eterno rival, aquele que dá sentido à existência do outro, e que por isso mesmo aprendemos a respeitar e, no fundo, a admirar. Foram meus dois primeiros times de botão. Meu maior parceiro de jogo era meu irmão Puluca, também palmeirense. Puluca jogava com o Corinthians e eu, com o Palmeiras. Quando Puluca, mais aplicado, passou a jogar melhor, trocamos de time. Eu podia perder; o Palmeiras, não. No futebol jogado na rua com laranja verde – são mais resistentes –, no lugar da bola havia sempre Leão e Ado no gol, mais uma vez, Palmeiras e Corinthians. No 4 × 3 que o Corinthians enfiou de virada em 1971, que ouvi num velho rádio Empire que meu pai comprara para a Copa do Mundo de 1962, decorei admirado aquela formação do Corinthians e esqueci a do Palmeiras. Quando pude ver o Palmeiras pela primeira vez em Maceió, em 1972, minha mãe bordou um escudo verde numa camiseta branca, e lá fui eu, para o meio da torcida do CRB – time da minha simpatia em Alagoas –, torcer e ver o Palmeiras ganhar por 3 × 1, com Ademir da Guia, Leão e toda a academia. Da parte da torcida do CRB, nenhum olhar estranho, nenhum gesto de agressividade. O país era mais pobre e a violência, menor. Eis um desafio para a equação simplificadora: mais pobreza igual a mais violência. Assim pode ser resumido o primeiro capítulo da origem desta crônica, que parte de Viçosa, no interior de Alagoas, e chega à Maceió dos anos 1960 e início dos anos 1970.

O segundo capítulo nasce das visitas esporádicas que faço à sala de troféus do Parque Antártica. Essas salas são verdadeiras bibliotecas repletas de narrativas épicas. A taça mais insignificante guarda uma história de glórias e de tragédia. É possível reviver em cada peça de metal a paixão e a fúria dos que se dedicaram a conquistá-la, e a dor e o desespero dos derrotados. Ali, imóveis, protegidas por paredes de vidro, estão as páginas que contam a história dos clubes e o orgulho das torcidas.

Em minhas visitas, costumo me deter para apreciar os detalhes dos gigantescos troféus Ramon de Carranza, principalmente aquele em que o Palmeiras eliminou o Barcelona de Cruyff, Neeskens e Resenbrink, em 1974. Há o troféu de madeira Lev Yashin, em formato de duas mãos segurando uma bola, esculpidas pelos trabalhadores em carpintaria da antiga União Soviética em homenagem ao Aranha Negra, considerado o melhor goleiro de todos os tempos, e oferecido pela família num torneio conquistado pelo Palmeiras em Moscou.

Numa das visitas, na década de 1990, observava a galeria de troféus dos anos 1940, quando deparei com uma taça com a seguinte inscrição: "Homenagem do Movimento Unificador dos Trabalhadores – MUT". Não foi difícil recordar o movimento criado pelo Partido Comunista nessa década (1940), como braço sindical da organização. Em seguida, após um rápido exame, veio a comprovação: de fato, no dia 13 de outubro de 1945, Palmeiras e Corinthians fizeram um jogo beneficente para o MUT, com a vitória por 3 × 1 do time alviverde.

Outubro de 1945 era a véspera das eleições gerais de dezembro. Todos os partidos estavam em campanha de arrecadação de fundos, e não tive dúvidas em concluir que Palmeiras e Corinthians jogaram para ajudar a campanha do Partido Comunista do Brasil (PCB), o partido amigo da União Soviética, o partido dos operários, o partido do socialismo. Decidi então que a história e os bastidores daquela partida não podiam repousar eternamente no anonimato da galeria de troféus e das estatísticas dos dois clubes.

A reunião das informações, a pesquisa em jornais e em arquivos de universidades e clubes, na Federação Paulista de Futebol,

A deusa Vitória da mitologia romana, ou Nike da mitologia grega, na figura de uma mulher alada, esculpida em bronze, no troféu mandado confeccionar pelo MUT para a partida de 13 de outubro.
Acervo Sociedade Esportiva Palmeiras

em arquivos pessoais, as entrevistas com ex-dirigentes comunistas, ex-jogadores, ex-sindicalistas e familiares de pessoas ligadas ao episódio foram realizadas com o apoio da jornalista Fernanda Melazo, a quem sou grato pela dedicação. Agradeço também a paciência dos amigos Roque Citadini e Luiz Gonzaga Beluzzo, que fizeram uma leitura prévia do texto.

Os fatos aqui narrados não pretendem dar conta da história de 1945, "o ano em que nos amávamos tanto". O fato é apenas o jogo, um jogo especial, é verdade, num ano especial. Mas o espetáculo de luzes e sombras que rodeiam 1945 permanecerá como um roteiro não escrito, à espera do seu historiador.

Resta também, na memória, a gratidão aos que tornaram esse jogo possível. Aos atletas, treinadores, dirigentes dos clubes e da Federação Paulista, jornalistas, aos dirigentes comunistas e operários daqueles anos de sonhos e perseverança. Por fim, sou o único responsável por previsíveis erros e imprecisões do texto e, naturalmente, pelos julgamentos políticos e ideológicos aqui explicitados.

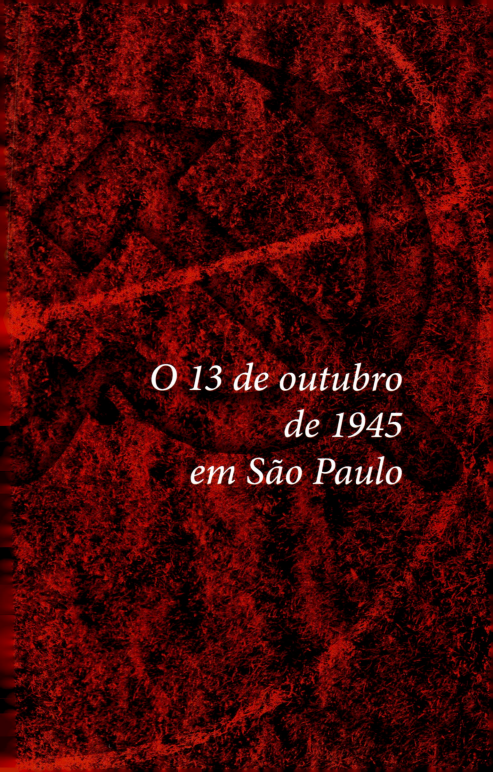

O 13 de outubro
de 1945
em São Paulo

Jornal Hoje, 11 de outubro de 1945, dois dias antes da partida.

IAP - Instituto Astrojildo Pereira/ASMOB - Arquivo Histórico do Movimento Operário Brasileiro/CEDEM

PALMEIRAS VS. CORÍNTIANS O JÔGO AMISTOSO DE HOJE NO PACAEMBU

Folha da Manhã, 13 de outubro de 1945, o dia do jogo.

Folha Imagem

Fazia frio na manhã paulistana. Apesar de a primavera ter começado oficialmente em 23 de setembro, os moradores de São Paulo ainda não viviam os dias ensolarados da nova estação. A madrugada havia registrado 8 ºC, e a previsão de temperatura máxima para aquele sábado era de 16 ºC. O vento nordeste indicava chuva. O clima era motivo de apreensão entre os organizadores do amistoso que reuniria, naquela tarde, no Estádio Municipal do Pacaembu, os dois times mais populares da época, Palmeiras e Corinthians, numa disputa que já havia se tornado o clássico maior do futebol paulista. Para a multidão de torcedores que havia comprado antecipadamente os ingressos na Galeria Prestes Maia, o jogo tinha um significado especial.

Palmeiras e Corinthians entravam em campo pela primeira vez, depois do encerramento do campeonato paulista ganho pelo São Paulo, com o vice-campeonato para o Corinthians e Palmeiras em terceiro lugar.

Os organizadores da partida, preocupados com o mau tempo dos dias anteriores, conseguiram transferir o evento para o período da tarde apenas dois dias antes. O calendário acertado durante dois meses com os clubes e a Federação Paulista de Futebol (FPF) previa a realização do jogo à noite. Mas, em reunião ocorrida na quinta-feira, os dirigentes concordaram em antecipar o amistoso. Foi mais uma vitória do Movimento Unificador dos Trabalhadores para o acontecimento cuja maior glória seria lotar o estádio e não deixar que a chuva, que caíra insistentemente nas noites anteriores, atrapalhasse a festa popular. Aliado ao espetáculo dos tradicionais adversários, o público, formado em sua ampla maioria por operários e seus familiares, também teria a oportunidade de acompanhar o jogo preliminar entre os mais importantes rivais do futebol sindical: os times do Sindicato dos Trabalhadores das Indústrias de Fiação e Tecelagem e do Sindicato dos Trabalhadores da Construção Civil. Naquele dia, as notícias não eram boas para o campeão paulista. Os jornais destacavam a derrota do São Paulo por 6 × 2 para o Olímpia do Paraguai. O campeão paulista tentaria apagar o vexame na partida seguinte, em Assunção, contra o Cerro Portenho. A morte do grande craque do futebol paulista Herman Friese também era lamentada nas páginas dedicadas ao esporte. Natural de Hamburgo, Friese, ex--jogador do Germânia, recebia homenagens por sua técnica e força física. No Pacaembu, antes que os jogos começassem, fez-se um minuto de silêncio para homenageá-lo. O dia em São Paulo reservava ainda várias atrações esportivas. O Campeonato Estadual de Atletismo, o II Concurso Infantojuvenil de Saltos Ornamentais promovido pela Federação Paulista de Natação, a Primeira Disputa de Polo da série interestadual, no campo da Sociedade Hípica Paulista, e o torneio de tiro ao alvo promovido pelo Clube Paulistano de Tiro, no estande do Horto Florestal, eram alguns dos destaques esportivos da semana.

Era sábado, e desde quarta-feira a cidade vivia o clima festivo em comemoração à Semana da Criança, com matérias que ganhavam espaço nos jornais. O Dia da Criança no Brasil foi oficializado por decreto em 1924, pelo então presidente da República, Arthur Bernardes. Em São Paulo, em 1945, essa data foi comemorada no período de 10 a 17 de outubro. Os Departamentos Estaduais da Criança e da Educação, com participação da Legião Brasileira de Assistência, programaram uma série de atividades para a capital e cidades do interior. As ações voltavam-se, sobretudo, para a população de baixa renda e para as crianças que viviam em instituições de caridade. Cada dia era dedicado a um tema, como o "Dia da Criança que Estuda", o "Dia do Menor que Trabalha", o "Dia da Criança Hospitalizada". O calendário previa ainda o lançamento de diversos postos de puericultura, a entrega de donativos a instituições de assistência às crianças, concursos literários, festas com apresentações de crianças, espetáculos e sessões gratuitas de cinema, além de uma visita das crianças ao prefeito de São Paulo, Francisco Prestes Maia.

S. PAULO — SÁBADO 13 DE OUTUBRO DE 1945

REALIZADAS ONTEM NOVAS COMEMO-RAÇÕES DA "SEMANA DA CRIANÇA"

Solenidades em várias cidades do Interior — Festividades no Círculo Operário do Ipiranga e na "Casa da Criança"

As comemorações da "Semana da Criança" realizadas no Interior do Estado

A IMPRENSA E O PAÍS DAVAM GRANDE IMPORTÂNCIA AOS FESTEJOS DO DIA DA CRIANÇA. (*FOLHA DA MANHÃ*, 11/11/1945)

FOLHA IMAGEM

A Gazeta Esportiva destaca o *derby* beneficente com fotos de Servílio, o grande artilheiro do Corinthians, e de Clodô, o arqueiro palmeirense (13/10/1945).

Acervo/Gazeta Press

Naquele ano, as comemorações da Semana da Criança incluíram ainda um concurso de monografia para os alunos dos cursos de formação de professores das escolas públicas, por recomendação do Departamento Nacional da Criança do Ministério da Educação. Os temas propostos para as monografias eram: "A alimentação da criança na zona rural: situação atual, seus erros e os meios para remediá-los com recursos locais" e "O homem e a terra: o problema da fixação do homem no meio rural – como a escola poderá contribuir para a solução desse problema, considerando a importância das atividades agropecuárias na economia nacional". No sábado, o Círculo Operário do Ipiranga e a LBA convidaram as crianças do bairro para uma sessão de "vesperais" gratuitas no cine Ipiranga-Palácio e no Teatro Monumento, a partir das 14 horas.

O anúncio da *Folha da Manhã* de que a prefeitura de São Paulo encomendara ônibus elétricos "idênticos aos que existiam em certos distritos de Londres" era uma boa notícia para uma cidade que já contava com uma população de 1,3 milhão de habitantes, em sua quase totalidade morando na cidade, embora 68 mil paulistanos ainda habitassem a área rural. Num primeiro momento, os ônibus elétricos trafegariam por uma rota experimental.

1945 ERA UM MOMENTO DE EFERVESCÊNCIA DO MOVIMENTO SINDICAL. EM NOTÍCIA DA *FOLHA DA MANHÃ* DE 2 DE OUTUBRO, MESTRES E CONTRAMESTRES EM FIAÇÃO E TECELAGEM COMEMORAM VITÓRIA SOBRE ENTIDADES PATRONAIS, NO CONSELHO REGIONAL DO TRABALHO DE SÃO PAULO.

FOLHA IMAGEM

O dia 13 no Brasil

A U.D.N. E O P.R.B. UNEM-SE EM TÔRNO DA CANDIDATURA DO SR. JÚLIO PRESTES

ESPERA-SE SEJA APROVADA UMA CHAPA ÚNICA EM CONVENÇÃO CONJUNTA DAS DUAS AGREMIAÇÕES

Segundo estamos seguramente informados o Partido Republicano Brasileiro levará à próxima convenção do Partido, a realizar-se a 26 ou 27 do corrente, o nome do Sr. Júlio Prestes como candidato ao Govêrno do Estado, tendo-se como certa a sua homologação.

HARMONIA DE PONTOS DE data para as eleições estaduais motivou a antecipação das convenções dos grêmios políticos nacionais, de forma a atender às solicitações da lei eleitoral quanto à eleição para os governos dos Estados

Entretanto, a harmonia de pontos de vista reinante nos círculos udenistas e do P.R.B. leva a crer

No Estado de São Paulo, o movimento de partidos, candidatos e eleitores em torno das eleições do dia 2 de dezembro.

Folha Imagem

Acima, a *Folha da Manhã* (13/10/1945) noticia a candidatura de Júlio Prestes. Ao lado, o lançamento do nome de Ademar de Barros.

Folha Imagem

A proximidade das eleições gerais mobilizava a população paulista. (*Folha de S.Paulo*, 13/10/1945)

Folha Imagem

MAIS DE UM MILHÃO E SETECENTOS MIL ELEITORES ALISTADOS EM TODO O ESTADO

DESIGNAÇÕES DE JUÍZES DE DIREITO PARA SERVIREM JUNTO ÀS ZONAS ELEITORAIS DA CAPITAL

No mesmo dia 13, Luís Carlos Prestes, secretário-geral do Partido Comunista do Brasil (PCB), o maior expoente da legenda, já de volta de uma viagem ao Rio Grande do Sul, preparava-se para discursar em mais um grande comício no Rio de Janeiro, a capital da República, em favor da convocação de uma Assembleia Constituinte livremente eleita, e que havia dias vinha sendo organizado pelos comunistas. Durante toda a semana que antecedeu ao evento, os comitês democráticos formados pelo Partido realizaram comícios preparatórios em bairros, subúrbios, fábricas, praças, visando chamar a atenção para o grande ato previsto para o Largo da Carioca. Os preparativos mobilizavam a militância comunista, operários, sindicalistas, dirigentes de associações e cooperativas, jornalistas, lideranças políticas e intelectuais. O comício, manchete da *Tribuna Popular*, jornal de propriedade do PCB, estava marcado para começar às 17h30. Nesse mesmo horário, em Salvador, os baianos replicariam a iniciativa com mais um comício pró-constituinte, no bairro popular da Calçada.

A União Nacional dos Estudantes (UNE) já estava se mobilizando para organizar outro grande comício no dia 24, também no Largo da Carioca. Na sexta-feira, dia 12, os estudantes se reuniram na sede da UNE com representantes dos partidos políticos, de associações de classe e outras organizações que gostariam de participar do evento em favor de eleições presidenciais e de um parlamento com poderes constituintes. A dois meses das eleições gerais, a campanha presidencial dominava o noticiário político. Um grande comício estava sendo organizado na cidade mineira de Uberlândia, em favor da candidatura do brigadeiro Eduardo Gomes, integrante do Levante dos 18 do Forte de Copacabana, e veterano do combate à Insurreição de 1935, dirigida pelo Partido Comunista. O ato, marcado para domingo, daria início à campanha financeira da União Democrática Nacional (UDN), fundada em abril daquele ano, como uma associação de partidos estaduais contra o Estado Novo e como base de sustentação do brigadeiro na campanha presidencial.

O Movimento Queremista (de "Queremos Getúlio"), apoiado pelo Partido Comunista, defendia a constituinte sob o governo Vargas, contra a opinião dos liberais, que queriam o afastamento de Vargas e, principalmente, de suas posições nacionalistas. O movimento foi criticado pelos jornais. O *Diário Popular* publicou artigo sob o título "O queremismo mostra-se francamente hostil à candidatura Gaspar Dutra".

O Partido Social Democrático (PSD), que tinha como candidato à presidência o general Eurico Gaspar Dutra, decidiu, no Rio, iniciar a campanha em favor da autonomia política do Distrito Federal. O Partido distribuiu à imprensa uma nota sobre o assunto. O primeiro trecho do documento dizia que "o PSD do DF reafirma seu ponto de vista favorável à autonomia política do DF, pleiteando junto ao [*sic*] Governo da República a reforma da Constituição Federal no sentido de permitir ao povo carioca a livre escolha do governo da cidade". O noticiário revelava ainda a preparação do PSD para as eleições. Nos estados, o Partido ampliou apoios para a formação das chapas, visando às eleições. No Rio, o candidato Gaspar Dutra, em campanha bem mais discreta que seu adversário, o brigadeiro Eduardo Gomes, recebeu em seu escritório, na sede do PSD, uma comissão de ferroviários que anunciou apoio a sua candidatura. Era o sinal de que a massa trabalhadora influenciada por Getúlio Vargas inclinaria seus votos em favor de Dutra, para derrotar a candidatura de Eduardo Gomes, abertamente antigetulista.

Naquela época, o Estado de São Paulo já contava com mais de 1,7 milhão de eleitores cadastrados. O recente decreto da Presidência da República, anunciando a realização de eleições para as assembleias legislativas e os governos estaduais, movimentava a política local. As eleições estaduais se realizariam no mesmo dia das eleições federais, em 2 de dezembro. No dia 13, o Partido Republicano Progressista decidiu lançar a candidatura de Adhemar de Barros, ex-interventor de São Paulo, ao governo do Estado. A União Democrática Nacional e o Partido Republicano Paulista ensaiaram a formação de uma frente única em São Paulo em torno da candidatura de Júlio Prestes, também para o comando da administração paulista. As notícias davam conta ainda da forte movimentação iniciada pelo então interventor do Estado, Fernando Costa, em favor de sua candidatura ao governo. Ex-ministro da Agricultura no governo de Getúlio, Costa estava no Rio para conversar com o presidente da República sobre o assunto.

ACIMA, *FOLHA DA MANHÃ* (13/10/1945) E A CAMPANHA DE LANÇAMENTO E ARRECADAÇÃO FINANCEIRA DO BRIGADEIRO EDUARDO GOMES.

FOLHA IMAGEM

AO LADO, NO *DIÁRIO POPULAR*, O "QUEREMISMO" TENTA EMPLACAR GETÚLIO CONTRA AS PRETENSÕES DE DUTRA.

REPRODUÇÃO/DIÁRIO POPULAR (13/10/1945)

O INÍCIO DO JULGAMENTO DOS PRINCIPAIS CRIMINOSOS NAZISTAS

Marcada para hoje a primeira sessão pública da Côrte de Nuremberg — A administração na zona de ocupação inglêsa

NUREMBERG, 12 (R.) — A Côrte Criminal incumbida do julgamento dos criminosos de guerra nazistas reuniu-se ontem, a portas fechadas, e há indicações de que a primeira sessão pública dêsse Tribunal se realizará amanhã, quando os juizes receberão a integra do libelo, de 20.000 palavras de texto, contra os 24 paredros do hitlerismo extinto que vão ser julgados pois da guerra, que jornalistas aliados e alemães trabalharão lado a lado.

A Côrte receberá, como dissemos, o libelo, isto é, a acusação — amanhã — o que significa que provàvelmente os julgamentos propriamente ditos começarão daqui a 30 dias, tempo dado aos advogados para prepararem a defesa dos seus

O DIA 13 DE OUTUBRO DE 1945 NO MUNDO, RETRATADO NA MANCHETE DO JORNAL *FOLHA DA MANHÃ*: JULGAMENTO EM NUREMBERG "O INÍCIO DO JULGAMENTO DOS PRINCIPAIS CRIMINOSOS NAZISTAS".

FOLHA IMAGEM

O DIA 13 DE OUTUBRO DE 1945 NO MUNDO, RETRATADO PELO JORNAL *FOLHA DA MANHÃ*: PENA DE MORTE NA FRANÇA "NÃO SERIA COMUTADA A PENA IMPOSTA A LAVAL".

FOLHA IMAGEM

O DIA 13 DE OUTUBRO DE 1945 NO MUNDO, RETRATADO PELO JORNAL *DIÁRIO POPULAR*: RENÚNCIA NA ARGENTINA "EXTREMAMENTE CONFUSA A SITUAÇÃO NA ARGENTINA" - CAPA.

REPRODUÇÃO/DIÁRIO POPULAR - 13/10/1945

A crise política na Argentina e a renúncia de seu presidente, Edelmiro Farrell, foram a principal manchete dos jornais de sábado, 13 de outubro. As notícias revelavam que o afastamento de Farrell não havia solucionado o impasse no país. O *Diário Popular* reproduziu matéria do *New York Tribune*, segundo a qual "a política dos Estados Unidos, de não dar mão forte aos ditadores militares, muito contribuiu para a mudança da situação na Argentina". A agência *United Press* apontou a resistência do Exército em relação à tentativa de se entregar o poder do país à Suprema Corte de Justiça. Na terça-feira, dia 9, o coronel Juan Domingo Perón fora obrigado a abandonar os cargos que ocupava, de vice-presidente da República, ministro da Guerra e secretário do Trabalho e da Previdência. No dia 12, Perón foi preso e confinado na ilha de Martin García, no Rio da Prata. A massa de trabalhadores ocupou as ruas e praças de Buenos Aires, exigindo o retorno do líder que havia promovido importantes mudanças na política social e trabalhista. Libertado, Perón foi aclamado por uma multidão na Plaza de Mayo. Em fevereiro de 1946, elegeu-se presidente da Argentina, reafirmando sua política de proteção social e nacionalista, derrotando as forças conservadoras apoiadas pela embaixada dos Estados Unidos e, incrivelmente, pelo Partido Comunista Argentino.

O dia 13 de outubro de 1945 marcou uma data emblemática: o início do célebre julgamento de Nuremberg. O Tribunal Internacional de Nuremberg, formado em agosto pelos países aliados após a Segunda Guerra Mundial, procedeu ao julgamento de 24 acusados de crimes de guerra do nazismo, entre eles Hermann Goering, chefe das forças de segurança alemães, e Rudolf Hess, o segundo na linha de sucessão do Terceiro Reich. Naquele sábado, a sessão pública do tribunal começaria a leitura dos processos contra os principais líderes nazistas. O promotor R. Rudenko chegara naquele dia a Nuremberg com a versão do processo na língua russa. Ele voltava de uma viagem a Londres, para onde tinha levado a tradução russa a fim de que pudesse ser confrontada com as versões inglesa e francesa. A sessão deveria incluir a leitura de todas as traduções.

A primeira sessão não seria aberta para os alemães, com exceção dos jornalistas. A *Folha da Manhã* ressaltava que seria a primeira vez que jornalistas aliados e alemães trabalhariam lado a lado, depois da guerra. O noticiário destacava ainda que Rudolf Hess fazia exames para atestar se sofria de insanidade mental, e alertava para a possibilidade do aparecimento de Adolf Hitler, cuja morte não havia sido confirmada oficialmente. Nesse caso, o julgamento não seria alterado: apenas incluiria no banco dos réus o chefe supremo do nazismo.

Nos Estados Unidos, a grande notícia era a greve de cerca de 450 mil operários que, havia várias semanas, desafiava o governo de Harry Truman; 187 mil mineiros haviam cruzado os braços e ameaçavam o país com a escassez de carvão. O porto de Nova York continuava completamente paralisado pelo movimento dos estivadores.

No Japão, o noticiário ainda informava sobre a devastação causada por um tufão que passara pela Ilha de Okinawa no dia 10, quarta-feira. O ambiente político japonês vivia a expectativa de possíveis mudanças na Constituição do país. O imperador Hiroito aconselhava a revisão da Constituição, promulgada em 1889, a fim de introduzir princípios mais democráticos. Os jornais destacavam a possibilidade de a revisão incluir a adoção do voto feminino.

Naquele 13 de outubro, os portugueses comemoravam um decreto do governo que anistiava os presos políticos. As notícias de Portugal mostravam a mobilização do povo em favor de eleições gerais, anunciadas para 18 de novembro, pelo primeiro-ministro, Antônio de Oliveira Salazar. Os jornais portugueses também festejavam o fim de vinte anos de censura.

O Comitê Executivo do Partido Trabalhista inglês pressionava o governo a reconsiderar sua política com relação à Palestina. Em reunião com o chanceler Ernest Bevin e com o primeiro-ministro Clement Attlee, os trabalhistas pediam que 75 mil judeus tivessem permissão para entrar na Palestina durante o ano de 1946, e que fossem suspensas as restrições para a aquisição de terras por parte dos israelitas.

Uma entrevista concedida pelo general de Gaulle selava definitivamente a sentença de morte dada a Pierre Laval pelo Tribunal de Paris. Segundo de Gaulle, não haveria novo julgamento. Laval alegava, por meio de seus advogados, que o júri agira com parcialidade em sua condenação. O ex-primeiro-ministro da França na época da Segunda Guerra Mundial durante o governo de Philippe Pétain, o regime de Vichy, foi julgado por traição contra a França e colaboração com o inimigo. Laval seria fuzilado no dia 15 de outubro.

A ANISTIA AOS PRESOS POLÍTICOS PORTUGUESES E A NOVA CONSTITUIÇÃO JAPONESA, EM NOTÍCIA DA *FOLHA DA MANHÃ* DO DIA 13 DE OUTUBRO DE 1945/1946.
FOLHA IMAGEM

O PCB, o MUT e a política de arrecadação de fundos

> **O Partido deve defender intransigentemente a ordem**
>
> Na nossa luta pela convocação da Assembléia Constituinte e pela solução das reivindicações mais sentidas do povo, devemos evitar por tôdas as maneiras qualquer agitação que possa dar armas ao inimigo, que procura por todos os meios criar um ambiente de desordem propício ao desencadeamento de golpes armados contra os interêsses da nação. Os reacionários de todos os matizes ligados ao capital estrangeiro colonizador, que se opõem violentamente à convocação da Assembléia Constituinte, estão tentando levar o país à anarquia e ao caós. Para isso, não vacilam em utilizar qualquer descontentamento das massas afim de levar a cabo a sua tarefa criminosa. Cumpre a nós comunistas lutar intransigentemente pela ordem e tranquilidade interna, contra os "golpes salvadores", ao mesmo tempo que devemos estar capacitados para enfrentar com soluções justas e pacíficas às reivindicações das amplas massas, evitando tudo que possa vir perturbar a ordem. E' preciso mostrar que a luta pela Assembléia Constituinte é justamente o caminho pacífico para a solução dos grandes problemas que afligem o povo.

O PARTIDO COMUNISTA DO BRASIL EM DEFESA DA
ASSEMBLEIA CONSTITUINTE, NO SEU *BOLETIM INTERNO*
DE OUTUBRO DE 1945.

IAP - INSTITUTO ASTROJILDO PEREIRA/ASMOB - ARQUIVO HISTÓRICO DO
MOVIMENTO OPERÁRIO BRASILEIRO/CEDEM

DIRIGENTE DO PARTIDO E DO MUT, JOÃO AMAZONAS FOI O RESPONSÁVEL POR
TRANSFORMAR O MUT EM GRANDE MOVIMENTO DE MASSAS, EM TEMPO RECORDE.
NA FOTO, AMAZONAS - TERCEIRO À ESQUERDA - COM A BANCADA DO PCB NA
CONSTITUINTE DE 1946.

IAP - INSTITUTO ASTROJILDO PEREIRA/ASMOB - ARQUIVO HISTÓRICO DO MOVIMENTO OPERÁRIO
BRASILEIRO/CEDEM

Em 1945, a marcha dos acontecimentos no cenário internacional intensificou a política de abertura do presidente Getúlio Vargas rumo à democracia. Em fevereiro, Vargas anunciou a realização de eleições gerais; em abril, restabeleceu relações diplomáticas com a União Soviética, o que o levou a ser pressionado pela própria embaixada dos Estados Unidos, e decretou a anistia aos presos e perseguidos políticos. O prestígio da União Soviética era imenso, o Exército Vermelho destroçara dois terços das divisões de Hitler ao custo de vinte milhões de vidas entre militares e civis, contra 400 mil baixas norte-americanas em toda a guerra. O mundo e o Brasil tinham um sentimento de gratidão em relação à URSS; Carlos Drummond de Andrade dedicara um poema a Stalingrado, nome de avenida em Bruxelas e de rua em Paris, pela heroica resistência da cidade soviética durante o cerco nazista. Esse ambiente acentuou a influência do Partido Comunista do Brasil entre os trabalhadores e a opinião antifascista das camadas médias da sociedade e os intelectuais.

O Partido conquistou a legalidade em julho de 1945, embora já viesse atuando livremente desde o início do ano. Em abril, foi libertado Luís Carlos Prestes, o "cavaleiro da esperança", um dos comandantes da "coluna invicta", a coluna Miguel Costa – Prestes, que percorrera o Brasil por mais de 26 mil km, em guerrilha contra as forças federais. O PCB acelerou o processo de reorganização de sua estrutura física e financeira.

A Comissão Nacional de Finanças foi um dos primeiros órgãos do Partido a serem constituídos no Rio de Janeiro. Para dirigi-la, o Comitê Central destacou dois líderes de extrema confiança dos comunistas: Álvaro Ventura e Leôncio Basbaum. O catarinense Ventura ocupava a secretaria-geral do Partido, enquanto Prestes esteve preso. Basbaum era médico e desde 1942 trabalhava na reorganização do Partido, cooperando na formação da Comissão Nacional de Organização Provisória. Em 1944, trabalhou na criação de uma editora para o PCB, que recebeu o nome de Vitória. No ano seguinte, deixou a direção da editora para cuidar da comissão de finanças. Também recebeu a missão de alojar Prestes em sua casa, com a finalidade de protegê-lo.

A prioridade na montagem da comissão e a escolha de dois importantes e influentes dirigentes para comandá-la ressaltavam a importância central da campanha de arrecadação de fundos para a política do PCB. Nesse período pré-eleitoral, estava clara a necessidade de obter recursos para custear a campanha dos candidatos comunistas que participariam das eleições de 2 de dezembro, e o assunto era tema constante do boletim interno do Partido, que começou a ser publicado a partir de 2 de outubro. A primeira edição, por exemplo, trazia a experiência realizada pelo Comitê Estadual do PCB em Minas Gerais que pedia aos militantes, amigos do Partido e simpatizantes que oferecessem um dia do salário para "custeio da propaganda eleitoral". A iniciativa foi apresentada aos demais comitês estaduais como bom exemplo a ser seguido.

O segundo boletim, do dia 9, trouxe o resultado da reunião partidária ocorrida no Rio de Janeiro, na qual uma das resoluções determinava o lançamento da campanha de finanças com a meta de arrecadar 750 mil cruzeiros. No último boletim de 1945, publicado em 28 de dezembro, o Partido comemorava o bom desempenho obtido pelos comunistas nas eleições parlamentares de dezembro, com destaque para uma grande matéria sobre as experiências de finanças do PCB. O texto chamava atenção para o fato de que o objetivo da campanha de arrecadação de fundos era o financiamento da campanha eleitoral. No trecho a seguir, o Partido mostrava que as principais ações para levantar recursos haviam sido lideradas pelo "proletariado" e fazia referência às atividades mais comuns usadas para este fim, ressaltando "a venda de convites ou ingressos para os mais variados espetáculos artísticos, culturais, esportivos...".

Podemos verificar que, durante os 15 dias que precederam as eleições de 2 de dezembro, realizou o nosso Partido um importante trabalho de finanças. No curto espaço de 15 dias, somas consideráveis foram recolhidas e entregues ao Partido para sua campanha eleitoral. Mais uma vez ficou provada a grande confiança do proletariado e do povo no seu Partido de vanguarda. Não houve, por assim dizer, uma só aglomeração de massas em que os seus participantes não tivessem concorrido financeiramente para a campanha eleitoral do PCB; seja por meio de doações em espécie – coletadas por intermédio de comissões de jovens e de mulheres – em bandeiras, cofres ou sacolas; seja por meio de contribuições recebidas diretamente – como é o caso da campanha de um Dia de Salário – ou entregues mediante assinaturas em listas rubricadas e distribuídas pelos organismos responsáveis; seja pela aquisição de selos, emblemas, distintivos, quadros, gravuras, medalhas, livros ou folhetos distribuídos diretamente à massa, seja pela venda de convites ou ingressos para os mais variados espetáculos artísticos, culturais, esportivos ou recreativos – recintos fechados (shows); seja pela realização de leilões ou sorteios rápidos de fotografias ou desenhos do camarada Prestes, ou outro qualquer objeto doado para esta finalidade. ("Algumas experiências de finanças"; *Boletim Interno*; n.7, 28/12/1945)

A arrecadação de fundos comandada pelo PCB também tinha por objetivo financiar as tarefas básicas do Partido, como a de mobilizar o povo por intermédio dos comitês populares, ampliar a estrutura da legenda em todo o país, adquirir maquinários para a impressão de jornais e boletins. Havia ainda a preocupação constante com o futuro do PCB. Seus dirigentes tinham consciência de que talvez a frágil democracia não resistisse por muito tempo e, por isso, era importante garantir alguma reserva orçamentária para uma eventual volta à clandestinidade.

A intensa campanha pela convocação de uma Assembleia Constituinte livremente eleita consumiu energias e recursos do Partido, naquele ano de 1945. A luta por eleições livres para uma Assembleia

Constituinte que elaboraria uma nova Constituição democrática tornou-se a principal palavra de ordem do Partido, que mobilizou todo o país, inclusive com o apoio de diversas forças políticas, com grandes comícios, desfiles, seminários, conferências, manifestações e atos públicos a favor da ideia. A Assembleia Constituinte também era o tema principal dos boletins internos do PCB daquele ano de 1945. Na publicação do dia 9 de outubro, o Partido comemorava a adesão à campanha de outras agremiações políticas como o Partido Trabalhista Brasileiro, o Partido Evolucionista, o Partido da Lavoura, Indústria e Comércio, o Partido Democrático Progressista. Políticos de grande prestígio popular, a exemplo de Cesário de Melo, Abel Chermont, Café Filho, Alberto Pasqualini, Olavo de Oliveira, Mário Chermont, haviam aderido à defesa da Constituinte.

Para fazer frente aos desafios políticos, o PCB atuava, então, com seus melhores quadros a fim de estimular seus militantes e a classe operária a arrecadar recursos. As atividades eram as mais variadas, com festas, bailes, espetáculos artísticos, eventos esportivos. Outra ação comum para arrecadar dinheiro era a promoção de exposições de artes plásticas, nas quais eram vendidas telas de importantes nomes da pintura brasileira, que doavam suas obras ao Partido em benefício de suas campanhas de finanças.

NA PÁGINA AO LADO, NOS BOLETINS INTERNOS DO RIO DE JANEIRO, O ESFORÇO DO PCB EM DEFENDER A TÁTICA QUE COMBINAVA O RESPEITO À ORDEM E A RADICALIZAÇÃO DO MOVIMENTO DE MASSAS.

Boletim Interno do Partido Comunista do Brasil, Número 7, Rio, 28/12/1945.

IAP - Instituto Astrojildo Pereira/ASMOB - Arquivo Histórico do Movimento Operário Brasileiro/CEDEM

Boletim Interno do Partido Comunista do Brasil, Número 5, Rio, 15/11/1945.

IAP - Instituto Astrojildo Pereira/ASMOB - Arquivo Histórico do Movimento Operário Brasileiro/CEDEM

Boletim Interno do Partido Comunista do Brasil, Número 4, Rio, 23/10/1947.

IAP - Instituto Astrojildo Pereira/ASMOB - Arquivo Histórico do Movimento Operário Brasileiro/CEDEM

O MUT
e os comunistas

Na foto do boletim do MUT de outubro de 1945, dirigentes com João Amazonas, sentado, o primeiro da esquerda para a direita.

IAP – Instituto Astrojildo Pereira/
ASMOB - Arquivo Histórico do Movimento Operário Brasileiro/CEDEM

O Movimento Unificador dos Trabalhadores (MUT) foi fundado pelos comunistas, no Rio de Janeiro, em abril de 1945, portanto três meses antes da conquista da legalidade pelo PCB. Em São Paulo, foi lançada uma comissão estadual provisória. O MUT funcionaria como o braço sindical do Partido no movimento. A missão era unificar os trabalhadores, promover a sindicalização em massa, estender a sindicalização aos trabalhadores rurais e, por fim, reunir toda a classe em uma central única. Entre as bandeiras, estava a luta pela liberdade e pela democracia sindicais.

A tarefa do MUT é desenvolver a educação democrática do proletariado, lutar pela liberdade sindical, estimular a sindicalização de todos os setores trabalhistas, apoiar as reivindicações gerais da classe operária e, principalmente, fazê-la compreender na prática a vantagem de sua unidade.

Essa orientação encabeçava o primeiro boletim publicado pelo MUT, no dia 9 de agosto de 1945.

Ex-dirigentes do PCB e do MUT não admitiam a existência de um caixa comum entre o Partido e o movimento sindical. Mas o jogo do Pacaembu revestia-se de condições especiais, ocorrendo às vésperas de eleições presidenciais e parlamentares, com possibilidade de um grande desempenho partidário. A motivação para a realização da partida, como veremos, mobilizou a imprensa partidária, quadros não sindicais do Partido, amigos, simpatizantes, e era natural e justo que o MUT ajudasse e se empenhasse na arrecadação de recursos para os comunistas.

Os dirigentes do MUT eram importantes quadros do PCB, como Joaquim Barroso, que assumiu a presidência nacional da entidade. João Amazonas, responsável sindical na direção nacional do Partido, integrava a direção do movimento. Benedito Dias Batista, presidente do MUT paulista, o líder tecelão Roque Trevisan e o líder mineiro Lindolfo Hill eram ao mesmo tempo importantes dirigentes do PCB e do MUT. Os discursos de Prestes em defesa da liberdade e da unidade sindicais eram publicados com frequência nos boletins do MUT. Além disso, os comunistas que dividiam a intensa atuação partidária com a vida no comando da organização operária integravam a lista de candidatos do PCB às eleições de 2 de dezembro. João Amazonas era candidato pelo Rio de Janeiro (Distrito Federal) e Lindolfo Hill, que fazia parte da lista de candidatos de Minas Gerais, foi um dos delegados escolhidos pelo MUT para representar os trabalhadores brasileiros no Congresso Mundial de Paris, ocorrido em 12 de setembro. Os demais dirigentes concorriam por São Paulo.

O fato de os dirigentes do MUT serem importantes quadros do Partido na disputa eleitoral reforçava a tese de que algumas atividades da organização dos trabalhadores voltadas para arrecadar fundos pudessem ter como objetivo o financiamento da campanha eleitoral. Também era comum que o MUT realizasse arrecadação de fundos em eventos organizados pelo PCB. Uma nota do boletim do MUT de 24 de agosto exemplificava uma ação dessa natureza:

> Esteve na sede da sucursal da *Tribuna Popular* de São Paulo uma comissão composta pelos companheiros Benedito Dias Batista, presidente do MUT paulista, Cirilo da Silva Pinto, secretário da organização, Joaquim José Rodrigues, Sarkis Arakiliane e João Alonso Cervantes, que fizeram a entrega de um cheque de Cr$ 3.458,80, correspondente à quantia arrecadada durante o comício "São Paulo com Luís Carlos Prestes", destinado às famílias das vítimas do naufrágio do cruzador Bahia. ("O MUT nos Estados", *MUT*, 24/8/1945, ano 1, n.2, p.5)

O boletim anterior, de 9 de agosto, também fazia menção à atuação do MUT no grande comício do Pacaembu, organizado pelos comunistas. "Foi a mais eficiente e entusiástica a colaboração e o apoio que o MUT de São Paulo deu ao comício 'São Paulo com Luís Carlos Prestes', quer nos trabalhos preparatórios quer no comparecimento em massa ao Pacaembu" ("O MUT nos Estados", *MUT*, 9/8/1945, ano 1, n.1, p.4).

O mais importante fato político criado pelo MUT aconteceu no dia 7 de setembro, no Estádio de São Januário, do Vasco da Gama, onde o presidente Getúlio Vargas participava de um grandioso comício comemorativo do Dia da Independência, no Rio de Janeiro. Uma numerosa comissão do MUT entrou no estádio lotado, empunhando uma grande bandeira do Brasil. Um enorme painel sustentado por quatro mulheres apresentava o nome da entidade: Movimento Unificador dos Trabalhadores. Após o discurso de Getúlio Vargas, os trabalhadores dirigiram-se ao centro do gramado levantando centenas de cartazes e faixas, repetindo em coro, sem cessar, as duas palavras de ordem do movimento: "Constituinte" e "liberdade sindical". Nesse momento, uma comissão do MUT postou-se em frente ao pavilhão onde estava Getúlio Vargas. À frente da comissão, João Amazonas, que pronunciou o seguinte discurso:

> Sr. Presidente, esta é uma sincera manifestação que os trabalhadores prestam a V. Exa. O povo e os trabalhadores confiam que V. Exa., que tem sabido ficar ao lado do povo nos momentos mais difíceis, saberá agora atender aos mais caros anseios do povo e dos trabalhadores do Brasil, a essas palavras de ordem que aí estão, convocando a Assembleia Constituinte no menor prazo possível e decretando a mais ampla liberdade sindical.

Em seguida, Vargas estendeu a mão a Amazonas. "Apertando a sua mão, quero apertar a mão de todos os trabalhadores presentes", disse. Os trabalhadores então deixaram o campo do Vasco da Gama e se concentraram no campo do São Cristóvão. Observe-se que, no ato de São Januário, João Amazonas falou pelo MUT, do qual era dirigente, embora estivesse presente o presidente da entidade, Joaquim Barroso. Ali, na verdade, falou mais o PCB, do qual Amazonas já era importante dirigente, com o filtro do MUT, uma vez que a aproximação com Vargas precisava cercar-se de cuidados, diante da violenta repressão dos comunistas pelo Estado Novo e das resistências de áreas simpáticas aos comunistas à justa política de aliança do PCB com o varguismo, na conjuntura imediata do pós-guerra.

Em longa entrevista concedida em 1996 à revista *Sociologia e Política* da Universidade Federal do Paraná, Joaquim Batista Neto apontou como a atuação do MUT foi importante para o crescimento do PCB. Batista Neto presidia o MUT no Rio de Janeiro e atuava como secretário sindical do Partido Comunista no comitê metropolitano. Em resposta à pergunta sobre sua atuação no MUT, ele disse:

> O MUT foi um movimento de grande sucesso e teve um grande apoio popular na época, já que unificou os trabalhadores que antes estavam dispersos e fracionados. Como eu era secretário sindical do comitê metropolitano do PCB no Rio, fui incumbido pela direção do Partido de organizar o MUT, que teve um importante papel no crescimento do PCB no período.

No dia 24 de agosto, a Embaixada da França ofereceu um coquetel à representação operária que participaria em Paris do Congresso Mundial. Lá estavam João Amazonas, Pedro Carvalho Braga, Domingos Mano, Lindolfo Hill, Spencer Bittencourt e Joaquim Barroso, integrantes do PCB e do MUT, ou de ambas as organizações. As notícias sobre o Congresso eram publicadas simultaneamente nos boletins do PCB e do MUT.

João Amazonas era responsável no PCB pela política sindical. À frente do MUT, teve papel fundamental no processo de arregimentação e organização sindical. Viajava frequentemente pelo Brasil, participando de festas, debates e conferências. Na primeira quinzena de outubro, foi sabatinado pelos operários paulistas e respondeu a perguntas sobre reforma agrária, liberdade sindical, trotskismo e o Congresso Sindical Mundial. Em resumo, havia plena sintonia e comunhão entre os quadros e a orientação adotada tanto pelo MUT como pelo PCB.

Nos boletins do MUT de 1945, fotos dos líderes sindicais (de cima para baixo): João Francisco da Rocha, presidente do Sindicato dos Empregados no Comércio Hoteleiro; Antonio Erico de Figueiredo Alves, presidente do Sindicato dos Gráficos; Lindolfo Hill, líder operário; Guilherme Tubbs, dirigente têxtil; Pedro de Carvalho Braga, dirigente operário.

IAP - Instituto Astrojildo Pereira/
ASMOB - Arquivo Histórico do Movimento Operário Brasileiro/CEDEM

A organização do jogo

Alfredo Inácio Trindade, presidente do Corinthians em 1945, de convicções antifascistas, foi decisivo na realização do amistoso.

Arquivo Corinthians

No dia 8 de agosto, na sede social do Sport Clube Corinthians Paulista, localizada na Avenida Rangel Pestana, a diretoria do clube do Parque São Jorge estava em reunião desde as 21h30. Sobre a mesa, vários ofícios a despachar. Um documento do Esporte Clube Itajubi, uma carta endereçada à Diretoria de Patrimônio da empresa Wilson Sons e Cia., uma solicitação da Associação Desportiva Floresta à Diretoria de Natação e o ofício da "comissão organizadora do festival pró-Movimento Unificador dos Trabalhadores", enviado ao clube no dia anterior. Após ouvir o conteúdo da pauta, o presidente Alfredo Ignácio Trindade decidiu dar prosseguimento a todas as solicitações e despachou o documento do MUT para a secretaria-geral.

Além do presidente, Alfredo Ignácio Trindade, participavam dessa reunião Pedro Ortiz Filho, secretário-geral da instituição, os diretores Armindo Fontana, Lourenço Fló Filho, Nagib Nader e o lendário Manuel Correcher. Presidente do Corinthians na década de 1930, Correcher, de temperamento apaixonado, espanhol de nascimento, marcou a história do clube e notabilizou-se por suas frases espirituosas e enaltecedoras do time. Uma delas tornou-se clássica: "Com razón o sin razón, Corinthians tiene siempre razón".

Alfredo Ignácio Trindade era presidente do Corinthians desde 1944. Saiu do comando do clube em 1946 para depois retornar ao posto em 1948 e cumprir mais onze anos à frente do Parque São Jorge. De altura média e formas avantajadas, Alfredo Trindade usava um bigode fino e sempre aparado, os cabelos impecavelmente penteados para trás. O hábito de fumar charutos fez com que, por um bom tempo, o charuto fosse uma espécie de símbolo do Corinthians. Era comum que as vitórias do time em campo fossem comemoradas com o público acendendo milhares de charutos.

Além de sua dedicação ao Corinthians, Alfredo Trindade também desenvolveu uma intensa vida política. Foi vereador em São Paulo e chegou a ser eleito deputado estadual em 1963 pelo Partido Republicano. Carismático, o presidente do Corinthians mantinha excelentes relações com diversas forças políticas, incluindo os comunistas. Os dirigentes do Partido de esquerda o tinham como aliado, pois o espanhol era sensível às causas nacionais e repudiava políticas de perseguição e repressão. Embora tivesse perfil político mais conservador, Alfredo Trindade participava com frequência das conversas, reuniões e atividades realizadas pelos comunistas, chegando a contribuir pessoalmente com alguma soma em dinheiro para o Partido. Sobretudo na década de 1950, o presidente do Corinthians fazia parte do grupo de políticos que era sempre procurado pelos comunistas a fim de obter apoio para suas ações e cobertura contra a repressão. Nas eleições, durante a clandestinidade do PCB, Alfredo, com sua influência, ajudava os comunistas a obterem legenda para seus candidatos em outras agremiações.

Naquela reunião do dia 8 de agosto na sede social do Corinthians, Alfredo já estava a par do teor do ofício do Movimento Unificador dos Trabalhadores. No documento, a entidade tratava dos preparativos do amistoso entre o time alvinegro e o Palmeiras, cuja renda seria revertida "oficialmente" para a organização dos trabalhadores. No dia 14 desse mês, em outra reunião da diretoria, o presidente do clube despachou novo ofício do MUT para o Departamento de Futebol Profissional, numa evolução das negociações para a realização do jogo.

Embora o governo Vargas houvesse adotado medidas em favor da democracia, a vida sindical ainda sofria restrições. Para os clubes esportivos também era recente essa vida de maior liberdade política. O estatuto do Corinthians mantinha o clube afastado das questões político-partidárias, por isso a aproximação com o movimento dos trabalhadores e os comunistas não era uma novidade de fato, mas sinalizava uma mudança política. A abertura política e o anúncio das eleições gerais para dezembro estimulavam os clubes a intensificar a atuação na vida política do país. No dia 21 de agosto, em nova reunião da diretoria, Alfredo Ignácio Trindade sugeriu a instalação de um posto de alistamento eleitoral na sede social do clube. Antes de submeter a proposta aos integrantes da diretoria, o presidente fez considerações

> sobre o espírito de civismo e brasilidade que tradicionalmente tem sido norma de conduta do Sport Clube Corinthians Paulista, que está sempre presente em todos os momentos patrióticos, sem quebrar a força dos dispositivos estatutários que mantêm o clube alheio a questões político-partidárias

Conforme registrou em ata o secretário.

A organização do amistoso entre Palmeiras e Corinthians em benefício do MUT passou a ser assunto oficial na Federação Paulista de Futebol a partir de 14 de agosto, quando o movimento enviou para a sua diretoria um ofício sugerindo uma data para a realização da partida. O jogo já estava arranjado politicamente, graças ao empenho decisivo de Anthenógenes Pompa d'Oliveira e à aprovação do chamado "festival" pelo presidente da entidade, Antonio Ezequiel Feliciano. Anthenógenes Pompa d'Oliveira ou o Senhor Pompa, como era conhecido, tinha um cargo de destaque na Federação. Exercia a função de contador e também prestava serviços para o Palmeiras e para o Corinthians, além de outros clubes. Com pouco mais de 40 anos, bom orador, mantinha relação próxima com Ulysses Guimarães que, na época, era o secretário-geral da Federação Paulista. Inteligente, de fala direta e franca, o contador da FPF, torcedor do Corinthians, era simpatizante do Partido Comunista e atuou como um dos principais organizadores do amistoso que levantaria fundos para o Movimento Unificador dos Trabalhadores. A forte influência que tinha na Federação Paulista, a boa relação cultivada no Palmeiras e no Corinthians e a amizade que mantinha com dirigentes do MUT e do PCB foram importantes para o sucesso da iniciativa. Anthenógenes atuou inclusive na publicidade do jogo, levando a notícia de sua realização para a redação dos jornais.

No dia 24 de agosto, reunidos novamente na sede da Federação Paulista de Futebol, situada na Avenida Ipiranga, 313, os dirigentes aprovaram o prosseguimento das negociações para a realização da partida. Sete dias depois, em nova reunião, o Departamento Profissional informou à diretoria que "a data pretendida está vaga e poderá ser concedida, sem prejuízo das competições internacionais promovidas pela Confederação Brasileira de Desportos". Na reunião, registrada pelo Boletim Oficial da FPF, o Departamento Profissional advertiu: "Torna-se necessário, porém, que os interessados nos enviem com a precisa antecedência o ofício da S. E. Palmeiras concordando com sua participação", o que faz crer na antecipação do Corinthians em concordar com o amistoso.

A diretoria da Federação marcou nova reunião para o dia 30 de agosto. Nesse encontro, o presidente da entidade, Antônio Feliciano, tornou público o seguinte ofício encaminhado pelo MUT:

Exmo. Sr. Dr. Antonio Ezequiel da Silva,

A Comissão Organizadora do Grande Festival em benefício do Movimento Unificador dos Trabalhadores vem jubilosamente agradecer-vos pelo vosso altruístico gesto, isentando da quota devida à Federação Paulista de Futebol a renda que será apurada no cotejo esportivo entre o Palmeiras e o Corinthians a realizar-se em favor do Movimento acima referido, no Estádio Municipal do Pacaembu, na noite de 13 de outubro próximo vindouro.

Também comunicamos a V. Exa. que, por decisão da Comissão Organizadora, ficou resolvido que da importância apurada vos será entregue a quantia de Cr$ 10.000,00 (dez mil cruzeiros) que V. Exa. destinará a qualquer entidade filantrópica que julgardes merecedora de tal doação.

Outrossim, valendo-nos desta oportunidade para convidar-vos para essa reunião, na qual notificamos oficialmente a imprensa de que será disputado um artístico troféu em homenagem a V. Exa., antecipamos nossos agradecimentos pelo vosso comparecimento.

Queira V. Exa. receber os nossos protestos de mais alta estima e mui elevada consideração

Lido o ofício do MUT, enviado à entidade no dia 27 de agosto, o presidente da Federação paulista aprovou o pedido e consagrou a realização do amistoso.

O advogado Antonio Ezequiel Feliciano da Silva foi um político de grande prestígio em São Paulo e principalmente em Santos, onde construiu sua carreira política e de dirigente esportivo. Entre 1942 e 1943, presidiu o conselho deliberativo do Santos Futebol Clube, assumindo a presidência de sua diretoria em 1944, na qual notabilizou-se pela campanha "10.000 sócios para o Santos F. C.", que coordenou para atrair novos associados. Antônio Feliciano foi vereador em Santos, deputado federal pelo PSD e pela Arena, e membro do Conselho Administrativo do Estado de São Paulo. Também elegeu-se prefeito de Santos entre 1953 e 1957. Dois anos depois, voltou a ser eleito deputado federal pelo PSD e exerceu mandatos consecutivos até 1970, tendo se transferido para a Arena a partir do golpe militar de 1964. O presidente da Federação Paulista era o grande homenageado do clássico e o MUT decidiu dar seu nome ao troféu em disputa.

No Parque Antártica, um dos organizadores do amistoso em benefício do MUT foi o vice-presidente do clube, Leonardo Fernando Lotufo. Antigo dirigente do Palmeiras, participou das mais importantes decisões envolvendo a agremiação na difícil década de 1940, quando o então Palestra Itália sofreu uma intensa campanha de perseguição, num reflexo da Segunda Guerra Mundial que colocou o Brasil ao lado dos aliados e contra os países do eixo formado por Alemanha, Japão e Itália.

Fundado em 1914 por descendentes de italianos, o Palestra Itália era particularmente popular entre o numeroso proletariado de origem italiana de São Paulo, cidade que nos anos 20 chegou a ter mais habitantes nascidos na Itália que no Brasil. Quando respondeu sobre o provável motivo de o dirigente comunista João Amazonas torcer para o Palmeiras, sua viúva, Edíria Amazonas, respondeu como se fosse óbvio: "Era o time dos operários".

Por causa da guerra, em 1942, um decreto do presidente Getúlio Vargas obrigou os clubes com denominação estrangeira a mudarem de nome sob o risco de perder seu patrimônio. Na época, corre a lenda, o São Paulo F. C. fazia todo tipo de pressão sobre os alviverdes, de olho no patrimônio do clube. No dia 14 de setembro de 1942, numa reunião tensa, os dirigentes do Palestra Itália decidiram mudar o nome do clube para Sociedade Esportiva Palmeiras. Lotufo, que era o segundo vice-presidente do clube, foi o presidente dessa histórica reunião.

Lotufo ainda participaria de outra data de igual importância para os palmeirenses: o dia 20 de setembro daquele mesmo ano. Apenas seis dias depois de definida a mudança do nome do clube, os palmeirenses se viram na situação de enfrentar novamente o São Paulo F. C., dessa vez no gramado do Estádio Municipal do Pacaembu, na disputa pelo título do campeonato paulista de 1942. Naquele dia, ante os rumores de que o São Paulo F. C. armara uma grande vaia como recepção aos jogadores do Palmeiras, a direção do clube surpreendeu. Na frente do time, abrindo caminho para os jogadores, um oficial do Exército Brasileiro, o capitão Adalberto Mendes (terceiro vice-presidente do Palmeiras), e Lotufo entraram no gramado carregando uma grande bandeira do Brasil e outra do Palmeiras. O time acabou sendo aplaudido de pé, e na disputa venceu o São Paulo por 3 × 1, conquistando o histórico título de campeão paulista. Nascido no interior do Estado de São Paulo, em São João da Boa Vista e empresário bem-sucedido – Lotufo era dono da empresa de luminosos Neon Brasil –, o vice-presidente do Palmeiras não media esforços para ajudar a instituição. Chegava a injetar dinheiro próprio na entidade e até a comprar com seus recursos pessoais passes de jogadores para reforçar o time. Em 1950, Lotufo concorreu ao cargo de deputado federal pelo Partido Rural Trabalhista (PRT), mas não chegou a ser eleito.

Adalberto Mendes, o capitão do Exército que conduziu a bandeira do Brasil na noite da disputa contra o São Paulo, era natural de

Sergipe e gravou um depoimento em que acusava a Rádio Record e seu proprietário Paulo Machado de Carvalho, então diretor do São Paulo F. C., de mover a campanha contra o Palestra para se apropriar de seu patrimônio. Adalberto Mendes foi reformado como general e depois fez curso de Medicina, profissão que exerceu por muito tempo.

Capitão do Exército e vice-presidente do Palmeiras, o sergipano Adalberto Mendes entra em campo carregando a bandeira do Brasil na primeira partida do clube com seu novo nome, quando venceu o São Paulo por 3 a 1 e sagrou-se campeão paulista em 1942.
Acervo Sociedade Esportiva Palmeiras

Leonardo Fernando Lotufo, o dirigente do Palmeiras que autorizou a participação do clube no histórico amistoso.

Acervo pessoal de Edna Lotufo

Antonio Ezequiel Feliciano da Silva, presidente da Federação Paulista de Futebol, apoiou a realização do jogo.

Revista Santista Flama, edições de dezembro de 1943 e abril de 1944./ Foto: jornal santista *A Tribuna*, de 26 de janeiro de 1956

Razões para a realização do jogo

Luís Carlos Prestes, capitão do Exército, líder guerrilheiro da Coluna invicta, senador da República, celebridade no país e no exterior, fascinava as multidões do povo e da classe média com sua trajetória.
IAP - Instituto Astrojildo Pereira/ASMOB - Arquivo Histórico do Movimento Operário Brasileiro/CEDEM

As entrevistas realizadas bem como a pesquisa em acervos não identificaram entre os dirigentes dos clubes, nem entre seus jogadores, militantes do Partido Comunista do Brasil. Os jogadores que ainda estão vivos e que foram ouvidos não recordaram o caráter político da partida, nem souberam dizer se algum companheiro integrava movimentos de esquerda. Apenas um jogador, Cláudio Christóvam Pinho, jogador no Corinthians na época, guardou relações, ao longo de sua vida, com movimentos políticos de esquerda. Mas a pesquisa não identificou a participação de Cláudio na organização do amistoso. A exceção é Anthenógenes Pompa d'Oliveira que, segundo seus familiares, era simpatizante do Partido Comunista e teve participação decisiva na realização do jogo. Alfredo Ignácio Trindade, o presidente do Corinthians, era amigo dos comunistas e homem de profundas convicções democráticas e patrióticas. O jornalista Lido Piccinini, dono do jornal *O Esporte*, também demonstrou grande empenho na realização da partida.

O momento político que viviam o Brasil e o mundo ajuda a explicar a realização do encontro entre os dois maiores clubes de massa de São Paulo, em benefício do movimento comunista. Eram imensos o prestígio e a admiração do povo pela União Soviética e pelos comunistas. Luís Carlos Prestes fascinava multidões de todas as camadas da sociedade, mulheres, jovens, médicos, advogados, juízes, jornalistas. O PCB atraía lideranças operárias e intelectuais do porte de Jorge Amado, Monteiro Lobato, Dionélio Machado, Cândido Portinari, Caio Prado Jr., Zélia Gattai, Oscar Niemeyer, Villanova Artigas, Pancetti, Rachel de Queiroz, Graciliano Ramos, Di Cavalcanti, entre muitos outros.

Acrescentava-se a esse ambiente o fato de Palmeiras e Corinthians serem os clubes preferidos da multidão de trabalhadores da cidade, que cumpriam um papel protagonista na conjuntura eleitoral, política e ideológica daquele momento. Os dirigentes esportivos não eram indiferentes ao clima existente e a mobilização política contagiava toda a sociedade depois da derrota do nazismo e da redemocratização do país. Alfredo Trindade, o presidente corintiano, era um homem desse momento. Segundo seus familiares, Lotufo, o vice-presidente do Palmeiras, nunca recusaria uma proposta para realizar uma partida em favor do MUT, apesar de seu perfil conservador. Aliás, um sobrinho de Lotufo, o médico Paulo Lotufo, veio a ser destacado militante do PC do B nos anos 1970, quando cursava a faculdade de Medicina da USP.

A Federação Paulista de Futebol demonstrava sensibilidade para os assuntos de natureza política. O próprio Antônio Feliciano, presidente da entidade, tinha pretensões políticas e tratava de inserir a instituição na vida política do país, como se pode observar dos boletins publicados pela FPF. A Federação participou ativamente da recepção aos pracinhas da Força Expedicionária Brasileira. Na ocasião, ela recomendou às associações filiadas que comparecessem às solenidades de homenagem aos expedicionários, "de preferência uniformizados com dísticos e estandartes", que instalassem bandeiras do Brasil em suas sedes e praças esportivas e que, no interior, organizassem festas e solenidades. O Boletim Oficial da FPF do dia 31 de agosto publicou em sua primeira página a convocação da Comissão Paulista Pró-Alistamento, sob o título "Ao Povo", conclamando os brasileiros a votarem no dia 2 de dezembro; um trecho do texto afirmava:

> Trairíamos todo o nosso passado, renegaríamos os sacrifícios feitos pelos nossos maiores e comprometeríamos o nosso futuro se não déssemos ao Brasil, neste instante decisivo da sua história, a contribuição desinteressada e patriótica do nosso voto.

Em 1945, a direção da Federação Paulista também contava com Ulysses Guimarães, que fora militante da política estudantil no Centro Acadêmico 11 de Agosto da Faculdade de Direito do Largo de São Francisco. Ainda nesse ano Ulysses filiou-se ao Partido Social Democrático (PSD), tornando-se correligionário de Antônio Feliciano. Em 1947, elegeu-se deputado à Assembleia Constituinte de São Paulo e, em 1950, deputado federal, dando início à carreira pública que consagrou sua liderança política por décadas. Como secretário-geral da Federação Paulista de Futebol, Ulysses Guimarães participou de todas as reuniões da diretoria que trataram do jogo entre Palmeiras e Corinthians, cuja renda seria revertida para o Movimento Unificador dos Trabalhadores.

Retrato de Iracema Rosemberg pintado por Di Cavalcanti. Artistas como Di Cavalcanti, Portinari, Pancetti, entre outros, contribuíam para as finanças do PCB doando suas obras.

Emiliano Di Cavalcanti. Retrato Sra. Iracema Rosemberg, 1948, 46 × 33 cm

Trabalhadores ganham o gramado

Na redação do jornal *O Esporte* (3/10/1945), dirigentes do MUT anunciam os detalhes da realização da partida.

Arquivo Corinthians

A entrevista à imprensa foi realizada no dia 30 de agosto, depois que o presidente da FPF aprovou o ofício do MUT. Sem a presença de Antônio Feliciano, os dirigentes da organização trabalhista apresentaram aos jornalistas os detalhes da partida. A reunião contou com as presenças do presidente do Corinthians, Alfredo Ignácio Trindade, e do vice-presidente do Palmeiras, Leonardo Lotufo. Os dois clubes disputariam dois troféus. O primeiro seria o troféu Dr. Antônio Feliciano, uma homenagem do MUT ao presidente da FPF. O outro era o Bronze Tuffy-Fried, criado em reconhecimento a dois craques do futebol brasileiro: o Tuffy Neugen, que marcou época como goleiro do Corinthians no final da década de 1920. Por gostar de jogar inteiramente de preto, Tuffy era apelidado de satanás. Ao falecer, o goleiro corintiano foi enterrado com o uniforme de seu clube do coração. E Arthur Friedenreich, o Fried, um dos maiores artilheiros do futebol brasileiro e mundial, autor do gol do Brasil no título do Sul-americano de 1919, contra o Uruguai.

Segundo noticiou na época o jornal *O Esporte*, o troféu Tuffy--Fried surgiu em 1942 por iniciativa do São Paulo F. C., que delegou a *O Esporte* a responsabilidade de elaborar seu regulamento. O diário decidiu agraciar com o prêmio o clube que, naquele ano, tivesse o ataque mais positivo e a defesa menos vazada. Ocorre que o Palmeiras, campeão em 1942, teve a melhor defesa, e o Corinthians o melhor ataque. Divididos os critérios, restava ao prêmio aguardar uma nova disputa. Os torcedores poderiam apreciar o Bronze Tuffy-Fried na Casa Michel, na Rua da Quitanda, onde ficaria exposto. O troféu Dr. Antônio Feliciano, em princípio, poderia ser visto na Casa R. Monteiro e Cia., na Avenida Rangel Pestana, depois transferido para a Casa

Modeli, na Rua Direita. A partir de outubro, os dois prêmios seriam levados para a Casa Anglo Brasileira, na Praça Ramos de Azevedo.

Durante os meses de setembro e outubro, a comissão organizadora do jogo continuou trabalhando para garantir o sucesso da partida. Com o objetivo de mobilizar e envolver ainda mais os operários, o MUT programou um jogo preliminar para o dia do clássico, a ser disputado entre os times do Sindicato dos Trabalhadores das Indústrias de Fiação e Tecelagem e do Sindicato dos Trabalhadores da Construção Civil. Para preparar este jogo, a direção do MUT escalou o corintiano Atílio Pioli, presidente do STIFT F. C., time dos tecelões, e o palmeirense José Tabaracci, diretor esportivo da Construção Civil. Os sindicatos dedicavam, então, atenção especial às atividades esportivas e tinham, inclusive, diretoria de esportes em seus organogramas. Os times dos trabalhadores disputavam o torneio intersindical, que atraía grande público da classe operária. Os tecelões e os trabalhadores da construção civil formavam os dois principais esquadrões do futebol sindical.

A comissão organizadora não estava satisfeita com o dia do jogo, marcado para sábado, 13, pela Federação; preferia o domingo, dia 14, à tarde, horário nobre do futebol, quando o São Paulo e o Corinthians disputariam o título paulista de aspirantes. Os organizadores chegaram a procurar o São Paulo para propor que os jogos ocorressem no mesmo dia, em troca da divisão da renda apurada, mas a tentativa não obteve sucesso. A data do jogo ficou mesmo para o dia 13, com a mudança do horário para o período da noite. A mudança ocorreu apenas na quinta-feira que antecedeu o evento. Apesar de a partida à tarde ser melhor do que à noite, havia dúvidas entre os dirigentes do MUT sobre o que seria mais conveniente para os operários, uma vez que a jornada de trabalho de alguns setores incluía o sábado à tarde, o que os impediria de comparecer ao estádio. O risco do mau tempo pesou na decisão e o jogo ficou finalmente marcado para 15h30 de sábado, com o início da partida preliminar ao meio-dia. Outra decisão de última hora foi em relação à venda dos ingressos. Os associados dos clubes teriam a entrada liberada mediante a apresentação da caderneta e do recibo relativo ao mês corrente.

O MUT investiu grande esforço na divulgação do acontecimento, com a entusiasmada colaboração do contador da Federação Paulista, Anthenógenes Pompa d'Oliveira. O evento recebeu boa acolhida da imprensa, que dedicou à partida várias matérias e notas nas colunas esportivas. Mas foi *O Esporte*, o jornal de Lido Piccinini dedicado exclusivamente ao noticiário esportivo, que deu ao jogo a melhor e maior cobertura. Corintiano como Anthenógenes e muito ligado à direção do clube de Parque São Jorge, Piccinini fez questão de acompanhar cada passo das negociações, publicando várias matérias a respeito do jogo, nas quais ressaltava com simpatia o caráter político da partida. O jornal visitou a sede do MUT em São Paulo para fazer uma reportagem com seus dirigentes e enviou um repórter à fábrica Textília S.A. para ouvir os operários tecelões sobre a partida. As duas matérias ocuparam páginas inteiras do diário, com textos e fotos.

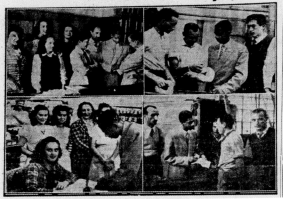

OPERÁRIAS E OPERÁRIOS ENTREVISTADOS PELO JORNAL *O ESPORTE* FALAM DE SUAS EXPECTATIVAS PARA O JOGO DOS DOIS CLUBES MAIS POPULARES ENTRE OS TRABALHADORES DE SÃO PAULO.

ARQUIVO CORINTHIANS

O ESPORTE, DO CORINTIANO LIDO PICCININI, EDITOR E ENTUSIASTA DO JOGO.

ARQUIVO CORINTHIANS

A preparação dos times

Waldemar Fiúme e Villadoniga em foto do *Diário Popular* do dia do jogo.

Reprodução/Diário Popular - 13/10/1945

No Parque Antártica

A novidade no Palmeiras era a troca de técnico. Logo no final do campeonato paulista, a diretoria do time decidiu afastar Del Debbio e convocar para seu lugar o estreante Oswaldo Brandão que, devido a uma grave contusão, encerrara sua trajetória de jogador no próprio Parque Antártica. O amistoso de sábado, portanto, seria o primeiro teste de Brandão. O novo técnico não mediu esforços para fazer do jogo um espetáculo alviverde. Como a partida estava inicialmente marcada para acontecer à noite, Brandão decidiu preparar seus jogadores no período noturno para que eles se acostumassem com o frio, a garoa e a luz dos refletores. Apesar do mau tempo, o treino foi acompanhado por um bom público, formado por torcedores e associados.

A escalação do time alviverde ficou assim decidida: Clodô, Caieira e Junqueira, Zezé Procópio, Túlio e Waldemar Fiúme, Gonzalez, Villadoniga, Oswaldinho, Lima IV e Canhotinho.

A única substituição ficou por conta do goleiro. Clodô jogaria no lugar do titular Oberdan Cattani, o "goleiro das mãos gigantes". Oberdan, no clube desde 1940, era chamado de "o guardião do Parque Antártica". Ex-caminhoneiro, nascido em Sorocaba, jogou no Palmeiras durante catorze anos e ajudou o clube a conquistar quatro títulos paulistas. Oberdan não jogaria o amistoso porque havia pedido uma licença para casar com sua noiva, Marcília. O casamento foi realizado na quinta-feira, dia 11. Em seguida, o casal viajou em lua de mel para o Rio. Hoje conselheiro do Palmeiras, Oberdan, um dos raros jogadores remanescentes da época, não guarda uma recordação especial da partida e disse que, na ocasião, "nós só queríamos jogar futebol" e que não tinha muito interesse pelos acontecimentos políticos.

O Palmeiras levaria a campo a famosa dupla de zagueiros Caieira e Junqueira. Caieira é considerado o maior zagueiro do Palestra/Cruzeiro (time que defendeu de 1933 a 1940) em todos os tempos. E Junqueira, o primeiro jogador a ganhar uma estátua no Parque Antártica, em 1943, é um símbolo do Palmeiras. Também compunham o time Zezé Procópio, considerado grande marcador, e o médio Túlio, futuro vencedor do primeiro mundial de clubes (Copa Rio), em 1951, contra a Juventus da Itália, no Maracanã.

Waldemar Fiúme jogava como quarto-zagueiro, mas era ótimo coringa. Atuava no meio-campo como volante ou armador. Com técnica refinada e estilo clássico, driblava de cabeça erguida e criava as jogadas de ataque da própria defesa, sendo apelidado pela imprensa paulista de "Pai da Bola". Gonzalez, o ponta-direita, mais tarde tornou-se técnico do time. O meia-atacante uruguaio Villadoniga, um dos grandes jogadores sul-americanos de todos os tempos, chamado de "El Architeto", foi peça decisiva na célebre partida de 1941, contra o São Paulo, quando o clube mudou de nome, mas venceu o rival. O atacante Oswaldinho foi campeão paulista pelo Palmeiras em 1947. O Lima IV era um dos cinco irmãos Lima do futebol, e Canhotinho, que ganhou os títulos paulistas de 1944, 1947 e 1950, além da Copa Rio de 1951, chamava-se na verdade Milton Medeiros e faleceu em junho de 2008.

No Parque São Jorge

O time corintiano realizou o treino na quarta-feira à tarde. Os jogadores se prepararam por 100 minutos, divididos em dois turnos de 50 minutos cada. O técnico Alcides de Sousa Aguiar aproveitou a ocasião para treinar também o time dos aspirantes que enfrentaria o São Paulo no domingo, na disputa pelo título estadual. Jogaram então os aspirantes contra os titulares, que venceram por 6 a 4.

DOMINGOS — a coluna mestra da defesa corintiana

DOMINGOS DA GUIA, A QUEM O CORINTHIANS OFERECEU A MAIOR RECEPÇÃO JAMAIS VISTA A UM JOGADOR DE FUTEBOL. CERCA DE 50 MIL PESSOAS SAUDARAM O PAI DE ADEMIR DA GUIA NA SUA CHEGADA A SÃO PAULO. FOTO DO *DIÁRIO POPULAR* DO DIA DO JOGO.

REPRODUÇÃO/DIÁRIO POPULAR - 13/10/1946

A escalação alvinegra ficou assim definida: Bino, Domingos da Guia e Rubens, Palmer, Hélio e Aleixo, Cláudio, Milani, Servílio, Ruy e Hércules.

O clube, portanto, colocaria em campo todos os seus titulares, com a única exceção de Begliomini, companheiro de zaga de Domingos da Guia, contundido numa disputa contra a Portuguesa de Desportos e substituído por Rubens, do quadro de aspirantes. Bino, goleiro titular de 1941 a 1951, período em que o time ficou sem conquistar o campeonato paulista, tinha por apelido "Gato Selvagem", por vestir-se todo de preto.

Domingos da Guia era uma lenda do futebol mundial. Chamado de "Divino Mestre" no Uruguai (onde foi campeão pelo Nacional) e endeusado na Argentina (onde também foi campeão pelo Boca Júniors), é considerado por muitos o melhor zagueiro do Brasil em todos os tempos, e pai de Ademir da Guia, o maior ídolo da história do Palmeiras. Recordo que há muitos anos, quando visitava o Parque Santa Madalena, no Sapopemba, Zona Leste de São Paulo, em companhia de Ademir, um velho senhor argentino, de aparência muito humilde, veio ao encontro do filho do Divino exibindo um recorte amarelado de um jornal de seu país, com as proezas do grande Domingos. Ao chegar ao Corinthians, Domingos da Guia foi recebido por cerca de 50 mil torcedores, feito muito superior ao que alcançara o São Paulo na recepção a Leônidas da Silva, o Diamante Negro.

O time contaria ainda com o médio Palmer que, segundo o historiador Antoninho de Almeida, citado no *Almanaque do Corinthians*, era o jogador "mais esquisito de toda a história do clube". O *Almanaque* fez menção a uma lenda que dizia que, certa vez, Palmer precisou ser alertado pelos companheiros porque estava atacando contra seu próprio gol. Hélio formava a linha média do time ao lado de Palmer e Aleixo.

Cláudio Christóvam de Pinho, revelação do Santos, tornou-se o maior artilheiro da história do Corinthians. Era uma espécie de técnico em campo, e por isso era chamado de "Gerente". Ao longo de sua vida, Cláudio estreitou relações com o Partido Comunista. O centroavante Milani foi o artilheiro dos campeonatos de 1942 e 1943, com 24 e 20 gols, respectivamente. Servílio, chamado de "O Bailarino", pela beleza de seu jogo, havia sido o artilheiro do campeonato de 1945 com 17 gols, e pai de outro Servílio, futuro astro do Palmeiras. Servílio chegou ao Corinthians vindo do Galícia da Bahia e foi um dos maiores artilheiros do clube com 199 gols, responsável pela simpatia de uma grande massa de torcedores baianos e nordestinos de São Paulo pelo time alvinegro, embora o Palmeiras tenha sido o primeiro clube paulista a excursionar ao Nordeste em 1938, quando jogou e venceu quatro vezes contra times e combinados cearenses. Ruy e

Hércules completavam o time, este último, ponta-esquerda, chamado "O Dinamitador" pela violência de seus chutes com a perna esquerda. Hércules foi titular do Brasil na Copa do Mundo de 1938, na França.

Os técnicos

Oswaldo Brandão, técnico do Palmeiras, nasceu em Taquara (RS) em 1916 e faleceu em São Paulo em 1989. Foi quem mais vezes treinou, mais vezes venceu e mais títulos conquistou pelo Palmeiras. Médio do próprio Palmeiras, assumiu a função de técnico em razão de uma contusão que o obrigou a encerrar precocemente a carreira de jogador. Era "um misto de técnico, psicólogo e pai", segundo o Almanaque do Palmeiras. O primeiro título de sua trajetória veio pelo Palmeiras, em 1947, e ele só voltaria ao Parque Antártica dez anos depois, vindo de uma vitoriosa passagem pelo Corinthians.

O *Almanaque do Corinthians* ressalta que Brandão foi o maior e mais carismático técnico do Timão em todos os tempos. Foi o presidente alvinegro, o mesmo Alfredo Ignácio Trindade, quem buscou Brandão em um cinema onde trabalhava como gerente, por falta de propostas de outros clubes, para ser campeão paulista do IV Centenário da Cidade de São Paulo, em 1954. De volta ao Palmeiras, onde permaneceu até 1960, Brandão repetiu o sucesso anterior ao ganhar o supercampeonato paulista contra o Santos de Pelé, e a edição da Taça Brasil de 1960, o que credenciou o clube do Parque Antártica a disputar sua primeira Taça Libertadores, em 1961, quando foi vice-campeão na final contra o Penharol do Uruguai. Mais de dez anos se passaram até que Brandão voltasse ao Palmeiras para formar a Segunda Academia, no início dos anos 1970, época em que se sagrou bicampeão brasileiro, em 1972 e 1973, com o time que tinha Leão, Luís Pereira, Dudu, Ademir da Guia e Leivinha. Oswaldo Brandão ainda teve uma última passagem pelo Corinthians, em 1980, mas, aos 64 anos, não conseguiu repetir o desempenho de antes.

Durante anos, Alcides de Sousa Aguiar foi omitido das relações de técnicos corintianos. O clube não guarda informações sobre sua biografia. Segundo o *Almanaque do Corinthians*, a inclusão de seu nome na lista e, portanto, no *Almanaque*, deveu-se ao trabalho do pesquisador Cláudio Cassela, "o primeiro a incluí-lo após realizar um minucioso levantamento a pedido do próprio ex-treinador". Um detalhe: no dia 13 de outubro de 1945, data da realização do jogo entre Palmeiras e Corinthians no Pacaembu, uma pequena nota na coluna *Em Duas Palavras*, da página de esportes do jornal *Diário Popular*, informava que Alcides havia entregado ao clube sua carta de demissão: "Apresentou ontem seu pedido de demissão à diretoria do Corinthians, o técnico Alcides de Sousa Aguiar".

OSVALDO BRANDÃO, CONQUISTADOR DE TÍTULOS NO PALMEIRAS E NO CORINTHIANS, COMO TÉCNICO DE FUTEBOL. (*O Esporte*, 6/10/1945)

Arquivo Corinthians

O jogo na imprensa

Bino faz a defesa diante do ataque palmeirense, em foto do jogo no jornal *O Esporte* (15/10/1945).

Arquivo Corinthians

O jogo entre Palmeiras e Corinthians ganhou uma grande repercussão da imprensa. Os jornais destacavam o tom de revanche do encontro, uma vez que o Palmeiras fora derrotado pelo rival na última disputa pelo campeonato paulista. O caráter beneficente da partida também despertava a simpatia dos diários, principalmente de *O Esporte*, do corintiano Lido Piccinini. O jornal fez uma cobertura diária do evento, visitou a sede do MUT e realizou reportagens em fábricas, sempre simpáticas ao caráter do jogo. É provável que houvesse algum nível de cumplicidade entre Lido, o jornalista, Anthenógenes, o dirigente da Federação, e círculos ligados ao MUT e ao PCB, para promover o evento.

A primeira notícia da partida que *O Esporte* publicou tratava da entrevista coletiva organizada pelos dirigentes do MUT, dos clubes e da FPF, no dia 31 de agosto, na sede da Federação.

> Estiveram ontem à noite na sede da FPF os srs. Leonardo Lotufo, pelo Palmeiras, e Alfredo Trindade, máximo prócer do Corinthians, que presidiram a reunião juntamente com diretores do Movimento Unificador dos Trabalhadores, tratando com a diretoria da entidade pebolista a realização de um cotejo entre corintianos e palmeirenses para o próximo dia 13 de outubro, embate cuja renda reverterá em benefício do órgão trabalhista citado. Os membros do MUT, que já haviam conseguido integral apoio dos mandatários corintianos e palmeiristas [*sic*], receberam amparo dos dirigentes da federação. Destarte, dia 13 de outubro, mais uma vez, os adversários do sensacional clássico de amanhã estarão no gramado do Pacaembu. (*O Esporte*, 1º de setembro de 1945)

No dia 26 de setembro, Anthenógenes visitou a redação de *O Esporte* para intensificar a campanha de publicidade da partida. Na conversa, pediu ao jornal para que o amistoso disputasse o troféu Tuffy-Fried, criado pelo São Paulo F. C. e sob guarda do jornal de Lido Piccinini. O jornal noticiou a visita no dia seguinte e, é claro, deu destaque ao troféu Tuffy-Fried.

> Ontem à tarde, esteve nesta redação o sr. Anthenógenes Pompa d'Oliveira, um dos membros da comissão que está tratando da efetuação do cotejo. O referido senhor, que aliás é também contador da Federação Paulista de Futebol, se fez acompanhar do sr. Carlos Lopes, e veio solicitar deste jornal apoio à interessante iniciativa do MUT. E *O Esporte*, compreendendo perfeitamente a alta significação do empreendimento, prestou-se imediatamente a atender ao pedido feito, deliberando, outrossim, para maior brilhantismo da competição do dia 13, pôr em disputa o Bronze Tuffy-Fried (...) Inegável, portanto, que a realização a que se propuseram duas legítimas forças representativas do poderio futebolístico paulistano, a fim de ajudar o progresso de uma corporação de ideais elevados, qual seja o MUT, ganha vulto no cenário esportivo bandeirante, sendo lícito antever-se seu pleno sucesso (...).

O Esporte decidiu fazer uma matéria ouvindo os dirigentes do MUT e visitou a sede da entidade na noite de 2 de outubro, uma terça-feira. O anfitrião foi Anthenógenes Pompa d'Oliveira, que recebeu o repórter e o fotógrafo "amavelmente", segundo o jornal. Logo no início, Anthenógenes apresentou aos jornalistas os integrantes da reunião: dr. Rosemberg, Ercílio Strazacapa, d. Maria Cabral, d. Fanny, d. Iracema Rosemberg, d. Cecília, José Viegas, srta. Iolanda. Saltava aos olhos a presença de profissionais liberais na reunião, ligados ao trabalho de mobilização e finanças do PCB. O jornalista José Viegas era militante do Partido; Iracema Rosemberg era casada com José Rosemberg, médico, e ambos integravam um grupo de intelectuais ligados ao PCB, promovendo encontros em sua casa, onde recebiam dirigentes do Partido, entre eles Luís Carlos Prestes, Joaquim Câmara Ferreira, Maurício Grabois e João Amazonas. Fanny Blay, romena de nascimento, atuava intensamente nas atividades partidárias e era casada com o juiz Abraão Blay que, em 1964, perseguido pelo regime militar, chegou a perder o cargo.

Iracema Rosemberg, mineira de Cabo Verde, casou com José Rosemberg, judeu nascido em Londres, filho de pais poloneses que emigraram para o Brasil quando ele era criança. Iracema conheceu Rosemberg quando levava o marido para se tratar com um jovem tisiologista em São José dos Campos. O marido de Iracema faleceu vítima de tuberculose e ela, viúva e mãe de dois filhos, casou-se com Rosemberg e passaram a viver em São Paulo, onde seu marido conquistou reputação como médico e professor. Bela e de grande simpatia, Iracema integrava o grupo de mulheres do Partido. Seu filho, o médico Sérgio Rosemberg, lembra-se que a mãe visitava com frequência os jornais para levar notícias da legenda. Uma dessas visitas foi registrada com foto pelo jornal comunista *Hoje*, na edição de 6 de outubro de 1945. No dia anterior, Iracema e um grupo de mulheres, que incluía a escritora Zélia Gattai, visitaram a redação para anunciar o ato em homenagem a Olga Benário Prestes, entregue aos nazistas pelo Estado Novo com a complacência do Supremo Tribunal Federal. Olga terminou assassinada num campo de concentração. Sérgio atuou por longos anos no PCB e mantém em seu apartamento um retrato de sua mãe pintado por Di Cavalcanti, para quem Iracema habitualmente posava como modelo.

A matéria publicada no *Hoje*, de 3 de outubro, deixava claro o tom político das declarações dos integrantes da reunião. Anthenógenes confiava no sucesso da promoção e declarou que "a tradicional rivalidade entre estes valorosos grêmios bandeirantes deverá crescer neste embate, pois que os troféus em jogo são dignos de figurar destacadamente mesmo na galeria do Arsenal de Londres". José Viegas acrescentou:

> Aguardo que corintianos e palmeirenses produzam uma peleja à altura dos troféus em jogo. Os dois grandes clubes, esmerando-se a fim de oferecer um ótimo campeonato, terão, aliás, correspondido aos anseios da classe trabalhadora de São Paulo.

O jornal ouviu ainda os dirigentes sindicais presentes à entrevista, Atílio Pioli e José Tabaracci, dos sindicatos da Fiação e Tecelagem e da Construção Civil, que "fizeram votos para que o magno cotejo transcorra dentro da maior cordialidade possível". O repórter ouviu ainda Miguel Angelo, médio-esquerdo do time da Construção Civil, que opinou que o Corinthians iria ganhar, e que seu time, "pelas excelentes exibições que vem fazendo, poderá fazer bela figura ante o STIFT". José de Andrade, médio-direito do time da Construção Civil, opinou pela vitória do time de Parque Antártica.

No dia seguinte *O Esporte* inovou mais uma vez, publicando matéria sobre o jogo em que são ouvidos operários de uma fábrica têxtil. O jornalista percorreu vários departamentos da fábrica Textília, ouvindo os operários sobre o amistoso entre Palmeiras e Corinthians. O título da matéria era "Ganha destacada projeção nos meios esportivos peleja Corinthians vs. Palmeiras" e trazia depoimentos de trabalhadores:

> O sr. Antônio Rodrigues, também corintiano, não escondeu sua emoção. Crê piamente num 2 × 0, com tentos de Servílio. E houve um desfile feminino. A são-paulina Ivone optou por um Palmeiras 2 × 1; Maria Inez, Corinthians 2 × 1 e Gabi, empate em 2 × 2.

Alguns dias depois, o jornal voltou a publicar matéria sobre a disputa, ouvindo o corintiano Domingos da Guia e o palmeirense Lima. Mais uma vez, o jornal fez menções simpáticas ao MUT:

> A finalidade do encontro faz pensar que uma grande multidão de afeiçoados irá ao Pacaembu para ver o prélio e com ele satisfazer todos os seus desejos de uma partida de grande destaque. É que a renda se destina integralmente para a conhecida organização: MUT.

Domingos da Guia, segundo o jornal, previa "um duelo de grandes perspectivas. Ademais, há a finalidade da luta. E ninguém vai negar-se a assisti-la, por esse motivo e pelo que vale o espetáculo tradicional dos clássicos adversários". Lima limitou-se a dizer ao jornalista que esperava "uma pugna que agrade cem por cento".

O *Diário Popular* acompanhou passo a passo os preparativos do jogo, principalmente na coluna *Em Duas Palavras*. No dia 9 de outubro, o jornal apresentou matéria sobre o jogo com o título "Palmeiras e Corinthians defrontar-se-ão sábado, à noite, no Pacaembu", com destaque para o caráter beneficente do jogo e referência ao jogo preliminar entre "os quadros do Fiação e Tecelagem e do Construção Civil, velhos do nosso futebol menor, em disputa de uma valiosa taça, oferta do MUT". No dia do jogo, o *Diário Popular* publicou matéria com destaque.

> Corinthians e Palmeiras levarão a campo ótimos conjuntos. Trata-se de um *derby* em benefício do Movimento Unificador dos Trabalhadores, ao qual os dois tradicionais adversários do futebol bandeirante emprestaram prontamente seu apoio.

A matéria da *Folha da Manhã*, no dia do jogo, destacou o tom da disputa e fez uma breve menção ao caráter beneficente do amistoso. A *Gazeta Esportiva* publicou, no dia 13, reportagem simpática ao propósito do confronto:

> (...) A clássica partida, pois, encerra duplo motivo sugestivo, quer pelo seu valor intrinsecamente esportivo e sempre prestigiado, seja em cunho oficial ou amistoso, quer por contribuir para uma organização de gente que trabalha de sol a sol cooperando pelo progresso de nossa terra.

O Estado de S. Paulo ofereceu no dia a seguinte manchete: "Jogam esta tarde o vice-campeão e o terceiro colocado no Campeonato Paulista de futebol".

O jornal *Hoje*, dirigido pelo PCB e que circulava em São Paulo, anunciara, ainda no dia 11 de outubro, a partida como, "sem dúvida alguma, o acontecimento de maior projeção no cenário esportivo da Pauliceia". A matéria era quase um editorial exaltando a relação do futebol com a classe trabalhadora e o povo:

> O trabalhador paulista tem sido incansável batalhador pela grandeza futebolística de nossa terra. Esporte eminentemente popular, o futebol

arrebatou as massas como espetáculo e encheu seus campos, formando as inesgotáveis reservas de que dispomos com a gente do povo. Sim, o futebol de S. Paulo não frutificou pelo trabalho de uma elite como querem fazer supor alguns interessados. O futebol, através de seus mais renomados campeões, a exemplo de Friendenreich, Ministrinho, Heitor, Neco, Rodrigues, Leônidas, Domingos, demonstrou que é oriundo do povo. Também nas suas manifestações maiores, pelo número de assistentes que lotam nossos estádios, nota-se o seu caráter eminentemente popular. Assim não poderiam furtar-se seus dirigentes, mormente os do Palmeiras e do Corinthians, em auxiliar o Movimento Unificador dos Trabalhadores, entidade que congrega hoje a maioria da classe obreira do Brasil, a qual tantos benefícios prestou às suas atividades. Auxiliando o Movimento Unificador dos Trabalhadores está o futebol beneficiando indiretamente a si próprio, pois está proporcionando os meios para que o trabalhador possa sem maiores sacrifícios continuar a prestigiar suas iniciativas acorrendo às suas competições ou praticando-o como militantes, para sua maior grandeza.

Iracema Rosemberg, de chapéu, e Fanny Blay, à direita. Iracema, modelo de Di Cavalcanti e esposa do médico José Rosemberg. Bela e charmosa, ativista do Comitê de Finanças e do Movimento de Mulheres do PCB, participou da promoção do amistoso e do ato em homenagem a Olga Benário no mesmo período.

Foto do acervo pessoal de Sérgio Rosemberg

Nas fotos, Bino, o goleiro do Corinthians, em ação contra o ataque palmeirense. (*A Gazeta*, 15/10/1945)

Acervo/Gazeta Press

Três e meia da tarde. Os jogadores entram em campo. Pelo Palmeiras, correm pelo gramado Clodô, Caieira e Junqueira, Zezé Procópio, Túlio e Waldemar Fiúme, Oswaldinho, Gonzalez, Lima IV, Lima e Canhotinho. A única diferença da escalação publicada pelos jornais é a substituição de Villadoniga por Lima. Os alvinegros ingressam no campo formando com Bino, Domingos e Rubens, Palmer, Hélio e Aleixo, Cláudio, Milani, Servílio, Eduardinho e Ruy. Eduardinho também é novidade na escalação final, que previa a entrada de Hércules. João Etzel, o árbitro, apita o início da partida e a bola começa a rolar.

Cinco minutos de jogo. A multidão acompanha fascinada cada movimento dos jogadores. Os goleiros Clodô e Bino já tinham salvado suas redes por três vezes. O time do estreante Oswaldo Brandão mostra mais disposição em campo, na tentativa de alcançar a primeira vitória contra o tradicional adversário no ano. A equipe do Corinthians administra a pressão e se segura na defesa.

O estádio lotado vibra com a disputa do clássico e pelo ambiente de liberdade daquele ano de 1945, que leva ao Pacaembu torcedores, operários, jornalistas, sindicalistas e comunistas, quase em confraternização pela chegada da democracia e das esperanças por ela criadas. O jogo preliminar foi vencido por 3 × 2 pelo quadro do Fiação e Tecelagem contra o time da Construção Civil, e o público prestara de pé a homenagem de um minuto de silêncio em memória do craque Hermman Friese.

Aos 16 minutos da partida, o atacante Oswaldinho é duramente atingido pelo médio Rubens, substituto do veterano Begliomini, que procura mostrar serviço entre os titulares. A partir deste momento o jogo ameaça descambar para uma "tourada", conforme registrou no dia seguinte o jornal *O Estado de S.Paulo*. O palmeirense Caieira e o corintiano Servílio protagonizam uma violenta disputa, só interrompida após intervenção do árbitro João Etzel. Na súmula da partida, Etzel faz apenas um registro em relação à partida: citou Servílio e Caieira como "praticantes de jogo violento proposital". A observação é citada na terça-feira depois do jogo, em nota na coluna *Em Duas Palavras*, do *Diário Popular*.

Apesar de criar várias chances no ataque, o Palmeiras não consegue abrir o placar. Fiel ao seu estilo, todo de preto, Bino, o "Gato Selvagem", faz milagres na meta corinthiana. O goleiro fez pelo menos nove importantes defesas no primeiro tempo. Do outro lado do campo, Clodô, que substituiu Oberdan, é trocado e Brandão coloca Tarzan em seu lugar.

Aos 31 minutos, Hélio deixa a intermediária e lança a bola para o ponta-esquerda Ruy, que leva vantagem sobre Zezé Procópio. Agora Servílio controla a jogada e avança. Tarzan abandona o gol para fazer frente ao avante corintiano. Servílio mantém a calma e espera por Tarzan e, mesmo com Caieira em seus calcanhares, toca a bola para as redes.

Corinthians 1 × 0 Palmeiras

A *Gazeta Esportiva* resumiu assim o primeiro tempo:

> Já dissemos, mais ou menos, o que foi a primeira fase. Jogou com superior espírito de luta o alviverde, conseguindo nesses primeiros 45 minutos de hostilidades, franca superioridade, deixando várias oportunidades de ouro para marcar, enquanto que o Corinthians, que muito menos produziu, ofensivamente, aproveitou uma das poucas ocasiões que se lhe deparou para balançar as redes.

A torcida palmeirense, aflita, acompanha com expectativa o recomeço do jogo no segundo tempo. O time alviverde redobra a pressão sobre o adversário. O "Gato Selvagem" é o termômetro da partida. Bino realiza catorze defesas nesta etapa do jogo, enquanto Tarzan realiza apenas seis. A zaga corinthiana desdobra-se ante o assédio do ataque palmeirense, apoiado pela grande atuação do médio Túlio. Cláudio, pelo Corinthians, e Lima IV, pelo Palmeiras sobressaem no ataque. Hércules perde "excelente oportunidade de marcar, por falta de corrida, quando seu quadro vencia por 1×0", comenta no dia seguinte a *Gazeta Esportiva*. O "Dinamitador", como ficou conhecido, estava afastado por contusão desde janeiro e não havia recuperado suas melhores condições físicas.

O tempo passa no estádio do Pacaembu e a pressão palmeirense é cada vez mais intensa. Os corintianos procuram garantir o resultado e se plantam na defesa. O ataque palmeirense aumenta a dança na área corinthiana. A saída de Domingos da Guia ainda no primeiro tempo rompeu o equilíbrio da equipe e os jogadores corintianos pouco se entendem em campo.

Aos 27 minutos, Lima IV e Gonzalez avançam trocando passes curtos pela direita. O meia passa para a extrema e Lima IV vai para o meio. Finalmente Gonzalez lança a bola na área, Lima IV arma o chute e fura, a defesa corinthiana se desequilibra e a bola fica com Waldemar Fiúme. O "Pai da Bola", com o estilo clássico de sempre, arma o chute da meia-lua para marcar o gol do empate.

Corinthians 1 × 1 Palmeiras

A torcida alviverde ainda comemora o gol do empate quando Lima IV domina a bola, avança contra a defesa corinthiana e chuta forte contra a meta de Bino. O "Gato Selvagem" faz uma difícil defesa, mas a bola sobra para Lima marcar contra o arco alvinegro desguarnecido. Eram decorridos 29 minutos do segundo tempo e muitos torcedores palmeirenses nem viram o lance, pois ainda confraternizavam pelo gol anterior.

Palmeiras 2 × 1 Corinthians

Aos 30 minutos, Gonzalez lança mais uma vez a bola sobre a área e mais uma vez Lima IV erra o chute. A pelota encontra o uruguaio Villadoniga e "El Architeto" desenha a jogada, disparando um tiro indefensável contra a meta do guardião corintiano, que nada pode fazer.

Palmeiras 3 × 1 Corinthians

DESTAQUE PARA A VITÓRIA DO PALMEIRAS SOBRE SEU MAIS TRADICIONAL ADVERSÁRIO. *O ESPORTE*, 14/10/1945.

ARQUIVO CORINTHIANS

MANCHETE "PALMEIRAS 3 X CORINTHIANS 1", *DIÁRIO POPULAR*, 15/10/1945.

REPRODUÇÃO/DIÁRIO POPULAR - 15/10/1945

A superioridade da equipe alviverde no plano tático e no placar estabelece um novo equilíbrio na partida até o apito final de João Etzel.

A análise da imprensa

"Foi a melhor pugna que os tradicionais rivais realizaram em 1945", decretou a matéria do *Diário Popular* no dia seguinte.

> Bino, inegavelmente, atravessando fase magnífica, salvou da queda mais de uma vez o reduto sob a sua guarda. Igualmente Brandão e Rubens. O trio final corintiano necessitou de pôr em prática todas as suas habilidades e lançar mão de grande energia para manter a contagem inalterada. Era impossível, no entanto, evitar que o Palmeiras marcasse. A pressão era tremenda e somente um milagre salvaria Bino de ir buscar a bola nas próprias redes.

Segundo a *Folha da Manhã*, a vitória do Palmeiras "foi das mais merecidas, pois desde os primeiros instantes de luta o quadro alviverde revelou classe superior".

A *Gazeta Esportiva* também elogiou a atuação do time do Parque Antártica:

> Não podemos deixar de reconhecer o mérito do triunfo alviverde, pois não há dúvida de que foi esse quadro que melhor futebol exibiu, o que mais demonstrou e que foi, enfim, a turma que jogou para ganhar. Se tivesse perdido, não estaríamos de acordo, não desmerecendo também o feito corintiano. Mas, verdade seja dita, um resultado contra o alviverde não coincidiria em absoluto com o desenrolar do cotejo. Teria sido uma injustiça, enquanto que, tendo terminado como terminou, achamos que tudo ficou muito bem ajustado. O 3 × 1 reflete bem o que foi o andamento do cotejo. Resta ao Corinthians o mérito de ter garantido aquele 1 × 0 até o 27º minuto do segundo tempo, e mais a sua valentia em não querer se dar por vencido, mesmo depois que sofreu os dois tentos-relâmpagos dos contrários.

"A melhor qualidade do jogo do Palmeiras fez o placar funcionar a seu favor", dizia o título da matéria de *O Esporte*, acrescentando que "o Palmeiras esteve melhor moral, técnica e fisicamente" e destacando o desempenho do médio Waldemar Fiúme. Vale a pena reproduzir o trecho que se segue do jornalista José Jazzeti, de *O Esporte*:

> Esse que se chama Waldemar Fiúme, muitos não o apreciam e encontram nele defeitos. E para aqueles que queriam duvidar disso, aí está a partida de sábado. O "Valtinho" foi um portento em campo. Possuiu e exibiu a ciência fina de um médio-esquerdo que destrói e constrói, que ampara seus companheiros com passes preciosos feitos com o pé direito ou esquerdo, ou com cabeçadas que sempre levam ao destino certo. Waldemar Fiúme foi o melhor elemento em campo dos 22 que jogaram.

E anotou em outra passagem:

> Lembram de Si-Si, Gasosa e Guaraná? Que linha média aquela! Pepe, Goliardo e Serafim... Pois o Palmeiras agora está de novo com uma linha média que faz lembrar e matar saudades daqueles que se foram, deixando uma recordação imperecível. Zezé, Túlio e Waldemar Fiúme formam um compartimento médio que, se não for prejudicado pelo vírus das modificações, tão impregnado na epiderme dos que dirigem o clube de Parque Antártica, farão época no nosso futebol.

A atuação do goleiro Bino foi elogiada por toda a imprensa. Segundo *A Gazeta Esportiva*, "Bino não poucas vezes fez vibrar a torcida, com estiradas espetaculares". A cobertura de *O Esporte* ilustra a matéria com as mais fabulosas imagens do "Gato Selvagem" em ação.

Os jornais aprovaram a arbitragem de João Etzel. O *Diário Popular* fez o seguinte registro: "Atuação regular, tendo coibido o jogo bruto posto em prática por alguns elementos. Não amarrou o jogo, coisa que somente um árbitro experiente poderia fazer em um confronto entre Palmeiras e Corinthians".

A revista *Roteiro*, dirigida pelo PCB, anuncia o comício de Prestes no dia 15 de junho no Pacaembu.

IAP - Instituto Astrojildo Pereira/
ASMOB - Arquivo Histórico do Movimento Operário Brasileiro/CEDEM

O ano de 1945 foi especial para os comunistas e socialistas de todo o mundo. O esforço de guerra para a derrota do nazifascismo cobrara uma elevada dedicação das forças democráticas, e entre elas os comunistas destacaram-se pelo sacrifício de vidas e pelos tributos materiais que pagaram para derrotar a Alemanha, o Japão e a Itália e seus governos títeres pelo mundo. Além do empenho político, os comunistas lideraram as principais forças guerrilheiras que fizeram frente aos governos de ocupação e fantoches, principalmente na Europa. Os *maquis* na França, os *partisans* na Itália, a guerrilha de Tito na Iugoslávia e de Mao Tsé-tung na China, a proeza épica soviética, ressaltada nos cercos de Moscou, Stalingrado e Leningrado. Vários países do Leste da Europa tinham governos de partidos comunistas e socialistas ou por eles integrados. Na França e na Itália, os partidos de esquerda demonstravam imenso prestígio e capacidade de mobilização. E mesmo o fantasma da Guerra Fria não ofuscava o ano de ouro das organizações socialistas em todo o mundo.

No Brasil esse reconhecimento chegou na forma da adesão de operários, artistas, intelectuais e pequenos e médios empresários ao Partido e ao movimento político criado em torno dele. Os comunistas organizaram entidades de massa ligadas à juventude e às mulheres, influenciaram a vida intelectual da sociedade e pressionaram pela ampliação da democracia. A orientação seguida já era a da defesa da via pacífica, formulada por Stálin na tentativa de manter boas relações com os aliados, principalmente os Estados Unidos, como contraponto à natural reação conservadora, previsível, diante do crescimento da presença das correntes políticas de esquerda depois do encerramento do conflito.

No dia 9 de outubro, o Comitê Nacional do Partido divulgou uma carta dirigida a Vargas para aplaudir o "discurso democrático" do presidente em apoio à convocação da Assembleia Constituinte. A nota definiu a orientação partidária como "unitária e patriótica, de ordem e tranquilidade", e afirmou que o Partido "tem suas forças empenhadas na conquista pacífica dessa reivindicação". A direção do PCB também percebeu as nuvens sombrias que se avizinhavam no horizonte e tentou um movimento preventivo para neutralizar as forças conservadoras.

O MUT foi fundado nessa conjuntura e cresceu e se ampliou na esteira da confraternização democrática, do respeito e da gratidão de amplas forças sociais pelos comunistas. Os sindicalistas organizaram a pauta de reivindicações dos trabalhadores e surgiram as primeiras greves do período. Os primeiros a parar foram os trabalhadores de Campinas. O movimento atingiu os operários da Companhia Paulista, os da estrada de ferro Mogiana e os da Empresa Paulista de Transporte, seguidos do pessoal de bondes e oficinas da Companhia Campineira de Tração, Luz e Força. Depois de dez dias os trabalhadores fizeram um acordo salarial considerado satisfatório e retornaram ao trabalho.

O amistoso entre Palmeiras e Corinthians em benefício do MUT foi a resultante desse eixo de forças formado pela classe operária, que se sentia vitoriosa, pela intelectualidade antifascista e pela efervescência política da grande mobilização popular liderada pelo Partido Comunista do Brasil. O jogo não era a única atividade que associava a ação dos comunistas ao universo esportivo.

No dia 23 de maio, uma manifestação apoteótica de mais de cem mil pessoas lotou o estádio de São Januário, do Vasco da Gama, para recepcionar a primeira aparição pública de Luís Carlos Prestes. Coincidentemente, o comício teve como palco o estádio do Vasco, o primeiro clube de massas do Rio de Janeiro e do Brasil a incluir entre seus futebolistas atletas de origem negra e operária. No dia 15 de julho, foi a vez de o estádio do Pacaembu ser o cenário do célebre comício "São Paulo a Luís Carlos Prestes". A *Roteiro – Documentário do pensamento democrático*, uma publicação de orientação comunista, assinada por Genauro Carvalho e Arnaldo Serroni, voltada para o público intelectualizado de São Paulo, publicou em sua primeira página, na edição de 11 de julho, uma convocação para o comício e incluiu um agradecimento dos comunistas à concessão do Pacaembu pelas entidades esportivas que deveriam disputar jogos naquele domingo e cederam o estádio para a recepção a Prestes.

Pablo Neruda, o grande poeta chileno, futuro ganhador do prêmio Nobel de Literatura, compareceu ao Pacaembu e leu o poema--discurso "Dito do Pacaembu", em homenagem a Prestes, e que terminava com o seguinte trecho:

> Peço hoje um grande silêncio de vulcões e rios.
> Um grande silêncio peço de terras e varões.
> Peço silêncio à América da neve ao pampa.
> Silêncio: com a palavra, o Capitão do Povo.
> Silêncio: que o Brasil falará por sua boca.

O escritor Monteiro Lobato recuperava-se de uma cirurgia, mas enviou discurso gravado de saudação a Prestes. Sob o silêncio atento do grande público, o líder comunista iniciou o seu discurso. O ato desencadeou as energias dos militantes e simpatizantes do PCB para as eleições que se aproximavam, nas quais elegeram Luís Carlos Prestes senador, além de catorze deputados federais.

A esta altura, o Partido já contava com uma rede importante de jornais, entre eles o diário *Hoje*, em São Paulo; a *Tribuna Popular*, no Rio; a *Tribuna Gaúcha*, em Porto Alegre; a *Folha do Povo*, no Recife; e *O Momento*, na Bahia. O PCB ampliou sua influência em toda a vida nacional. Eis o que escreveu sobre esse cenário de 1945 a historiadora Valéria Lima Guimarães, em seu artigo "Bambas comunistas", publicado pela revista *Veredas*, do Centro Cultural do Branco do Brasil:

> Voltado para as massas, o diário comunista *Tribuna Popular*, de circulação nacional, chegou a tiragens de 50 mil exemplares. Veiculava notícias das agências comunistas internacionais, publicava matérias sobre o movimento operário e a luta camponesa, mas também dava

substancial espaço para o entretenimento, visto como um importante instrumento de educação política das massas, falando de cinema, teatro, esportes (com destaque para o futebol), música, notas sociais, fofocas sobre políticos e personalidades em evidência. Os anunciantes, em muitos casos, buscavam uma associação entre os produtos e a linha política do Partido, como no caso do "Sabão Russo – contra erupções, espinhas e panos" ou do perfume "Cavaleiro da Esperança". Na compra do perfume por atacado, o consumidor era contemplado com folhinhas com o retrato de toda a bancada comunista na Constituinte de 1946.

O Partido dedicou ainda esforços para divulgar o carnaval e o samba. Em novembro de 1946, organizou no campo de São Cristóvão um desfile em homenagem a Prestes com a participação de 22 escolas de samba. O compositor Paulo da Portela fez a letra de um samba em

Mulheres ligadas ao PCB anunciam na redação do jornal *Hoje* (6/10/1945) a realização do ato em homenagem a Olga Benário, alemã, comunista, judia, companheira de Prestes, morta em campo de concentração nazista.

IAP - Instituto Astrojildo Pereira/ASMOB - Arquivo Histórico do Movimento Operário Brasileiro/CEDEM

homenagem a Prestes que só muitas décadas depois recebeu a música de Monarco para o filme *Natal da Portela*.

A entrevista do pintor Pancetti na edição de 11 de julho de *Roteiro – Documentário do Pensamento Democrático* era ilustrativa desse clima:

> Em política só me interesso pelo Partido Comunista, que é o Partido do povo e, portanto, meu Partido. A linha política que ele vem mantendo é a mais sensata e patriótica de todas as apresentadas ao povo. Outra coisa não poderíamos esperar dos comunistas. Esteio mais forte das democracias, os comunistas do mundo inteiro conquistaram, nesta guerra, a vanguarda de todas as correntes políticas amantes da liberdade e da paz.

Em 1947, o Partido Comunista foi posto na ilegalidade. O senador, catorze deputados federais, dezenas de vereadores nas mais importantes cidades do País, em algumas delas maioria nas câmaras municipais, e o prefeito de Santo André foram cassados. Os conservadores italianos fizeram acordo com a máfia, brandiram a ameaça comunista para atrair ajuda americana, mas o PCI foi mantido na legalidade. Charles de Gaulle impôs o voto distrital para conter o crescimento do PCF, detonou a bomba atômica francesa e conviveu com os comunistas. No Brasil as forças conservadoras baniram os comunistas da vida legal do País.

Referências bibliográficas

ARAÚJO, J. R. de C. *Imigração e futebol*: o caso Palestra Itália. São Paulo: FAPESP; Ed. Sumaré, 2000.

CARONE, E. *O Estado Novo* (1937-1945). (1a reimpr.) São Paulo: Difel, 1977.

ENTREVISTA concedida por Joaquim Batista Neto. *Revista de Sociologia e Política da Universidade Federal do Paraná*, 1996.

GUIMARÃES, V. L. *Bambas comunistas*: o velho PCB em outros carnavais. Diário Vermelho, 2004.

PRESTES, A. L. *Os comunistas e a Constituinte de 1946* – por ocasião do 60º aniversário da Constituição de 1946. Estudos Ibero-Americanos. PUCRS, v.XXXII, n.2, p.171-86, dezembro de 2006.

UNZELTE, C. D.; VENDITTI, M. S. *Almanaque do Palmeiras.* São Paulo: Editora Abril, 2000.

_____. *Almanaque do Corinthians*. São Paulo: Editora Abril, 2000.

Arquivos

A Gazeta Esportiva

Arquivo Edgard Leuenroth – Centro de Pesquisa e Documentação Social – Instituto de Filosofia e Ciências Humanas, Universidade Estadual de Campinas

Arquivo Público de S. Paulo

Centro de Documentação de Memória (Cedem) da Universidade Estadual Paulista (Unesp)

Corinthians (Livro de Atas e o jornal *O Esporte*)

Diário de S. Paulo (*Diário Popular*)

O Estado de S. Paulo

Federação Paulista de Futebol

FGV/CPDOC – Fundação Getúlio Vargas/Centro de Pesquisa e Documentação de História Contemporânea do Brasil

Folha de S.Paulo (*Folha da Manhã*)

Sindicato dos Têxteis de São Paulo

Sindicato dos Trabalhadores nas Indústrias Gráficas de São Paulo

Sindicato dos Trabalhadores do Ramo da Construção Civil, Montagens, Instalações e Afins de São Paulo (Sintracon)

SOBRE O LIVRO

FORMATO
14 x 21 cm

MANCHA
22,5 x 39 paicas

TIPOLOGIA
Minion Pro 10/14

PAPEL
Couché fosco 90 g/m^2 (miolo)
Cartão Supremo 250 g/m^2 (capa)

1^A EDIÇÃO
2010

2ª REIMPRESSÃO
2022

EQUIPE DE REALIZAÇÃO

EDIÇÃO DE TEXTO
Maria Silvia Mourão Neto (Copidesque)
Carla Montagner (Preparação de Original)
Carmen S. Costa (Revisão)

PROJETO GRÁFICO E EDITORAÇÃO ELETRÔNICA
Estúdio Bogari

Rua Xavier Curado, 388 • Ipiranga - SP • 04210 100
Tel.: (11) 2063 7000 • Fax: (11) 2061 8709
rettec@rettec.com.br • www.rettec.com.br